U0887666

让世界免费，我们可以的！

——刘振友

LET THE WORLD FREE

让世界免费

刘振友◎著

新世界出版社
NEW WORLD PRESS

图书在版编目（CIP）数据

让世界免费 / 刘振友著 . -- 北京 : 新世界出版社 , 2016.3（2017.3 重印）
ISBN 978-7-5104-5613-8

Ⅰ . ①让… Ⅱ . ①刘… Ⅲ . ①企业管理 – 市场营销 Ⅳ . ① F274

中国版本图书馆 CIP 数据核字 (2016) 第 036558 号

让世界免费

作　　者：刘振友
策划编辑：张铁成
责任编辑：佟　萌
责任印制：李一鸣　黄厚清
出版发行：新世界出版社
社　　址：北京西城区百万庄大街 24 号 (100037)
发 行 部：(010)6899 5968　(010)6899 8705（传真）
总 编 室：(010)6899 5424　(010)6832 6679（传真）
http://www.nwp.cn
http://www.nwp.com.cn
版 权 部：+8610 6899 6306
版权部电子信箱：nwpcd@sina.com
印　　刷：北京天宇万达印刷有限公司
经　　销：新华书店
开　　本：710mm x 1000mm 1/16
字　　数：168 千字　印张：15.75
版　　次：2016 年 3 月第 1 版　2017 年 3 月第 5 次印刷
书　　号：ISBN 978-7-5104-5613-8
定　　价：59.80 元

版权所有，侵权必究
凡购本社图书，如有缺页、倒页、脱页等印装错误，可随时退换。
客服电话：(010)6899 8638

自序

致全球《让世界免费》繁体版读者的一封信

让世界免费，你的第一反应是什么?

怎么可能?

天上哪有掉馅饼的大好事?

……

我相信这个回答问 100 万个人会有 98% 的人认为“骗人”、“不可能”类似否定的答案。

但在 2009 年去中心化“加密数字资产”比特币的出现，商业模式的终极形式 ~ 让世界免费，成为了新的可能。

比特币一直以虚拟货币的形式存在着，但这种总量限定的新兴的互联网资产形态 ~ 加密数字资产是否还有其他商业定位的可能? 这种新的可能是否可以创造新的商业规则?

本书详实的介绍了加密数字资产相关的基础知识，更介绍了加密数字资产积分化定位所带来的商业模式上新的可能，讲解了基础实现路径及商业模型。区块链技术的诞生实现了互联网的颠覆性革命；加密数字资产的诞生促进了电子商务的革命性进化。2014 年 5 月份以来，近两年半的理论研究、商业实践探索，充分的证明了，通过以加密数字资产为载体，结合互联网、移动互联网、实体商家、实体厂家、消费者、资本市场之间架起一个新的桥梁，优化传统的电子商务模型，可以实现“让世界免费”，促使人类进入全民免费时代及全球财富一体化。

在本书创作过程中，感谢我的大儿子刘恒语和小儿子 Marcus（刘城睿），我非常非常爱他们，这种父爱如水如山。我希望通过我的奋斗过程给他们树立一个榜样，影响他们成为一个有爱心、有责任感、有使命敢担当的对国家有用的人才。同时也感谢良师益友公冶庆元先生、赵雪松先生给我鼓励，同时感谢汇才教育学院 EMBA 总裁班的同学们、汇才企业家促进会的早期会员、国际狮子会的狮兄狮姐们给我个人成长过程提供的帮助。

同时，《让世界免费》的再版及全世界发行让“加密数字资产“概念得到更大的普及。同时，也在践行我曾经的誓言:穷则独善其身，达则兼济天下，在立德立功立言的道路上不断前进，为造福全世界孜孜不倦。

闲言少叙，让我们用一个好奇心共同走进这个“让世界免费”的疯狂的世界吧！

全球加密数字资产研究院（GCAI）
全球共赢商业积分控股集团有限公司董事局主席
刘振友院长
2016 年 10 月 27 日于美国洛杉矶

前 言

2008 年，席卷世界的经济危机让传统金融和经济领域陷入黑暗期。而仅仅一年后，世界金融和经济领域又迎来了一次全新的革命黎明期。此次革命源于互联网创新经济，是由一种被称为比特币的新形态数字货币发起的。

比特币采用严格的互联网技术协议和规则设计研发而成，并通过互联网在一个去中心化的非信任式系统中，使用一种被称为区块链的“网络账本”进行交易。这种融合了公钥密码学的 P2P 文件分享的新型数字货币，被赋予了一个新的定义——加密数字资产。

与我们所熟知的传统货币体系相比，以比特币为代表的加密数字资产不依靠一个权威性的中央机构发行和支持，而是完全依靠网络用户间的共识进行去中心化自主运营。在这一运作系统下，加密数字资产不需要权威式的信任，也不需要用户之间重新构建信任关系，通过协议和规则的自我管理，任何恶意的欺骗系统的行为都不会被接受和认可。

自 2009 年诞生以来，比特币就逐渐吸引了一批关注者，也随其涌现了一群模仿者和改进者。有些机构采用比特币的技术手段，对其进行优化和调整，以研发出新的加密数字资产，这也使得整个加密数字资产的发展速度大幅提升。更重要的是，以区块链技术为根基的加密数字资产，将会成为网络世界中从未有过的一种无缝嵌入的经济层，并为移动支付、去中心化交易、数字资产的调用与转移、智能合约的设定和执行等未来的经济行为提供底层的技术保障。

加密数字资产不仅是一种技术创新，也是一种思维和模式创新，它可能会破坏传统商业世界的各种运作系统，建立起一种更适应时代的、更符合未来需求的全新系统。作为信息时代的一股全新的颠覆能量，加密数字资产就像计算机和互联网一样，具备重构人类社会活动的潜力。

本书的立足点，不只是加密数字资产的技术体系以及其在交易流通领域中的应用，而是对积分属性这一全新的加密数字资产属性进行深入解析，并对加密数字资产积分属性所铸就的全新商业模式进行全面呈现。在这种新的商业模式下，一个免费化、共赢化的经济系统将得以建立。

本书共分为四个部分。第一部分是对加密数字资产及其积分属性进行简要介绍，并展示了其特点和趋势；第二部分是对加密数字资产的积分模式进行全方位的深入分析，详尽地说明为何积分模式能够实现免费消费；第三部分是从消费者的角度出发，分析消费为何能够成为一种未来投资，并介绍了在参与加密数字资产投资中需要了解的一些基本知识和技巧；第四部分是对整个加密数字资产领域的未来展望，加密数字资产凭借其创新模式将对各个领域产生更为深刻的影响，并真正铸造出一个免费化的世界。

本书采用图文结合的模式，对于一些较为晦涩的技术知识和运作理论等，尽可能以图片和模型的形式加以呈现，以帮助读者更为清晰、深入地理解。

本书面向的读者，是所有希望认识和理解加密数字资产的群体。如果你是经营者，运用加密数字资产的新型商业模式能够推动销量增长，重构与客户之间的关系。如果你是消费者，运用加密数字资产的积分投资则能够以更低成本消费，并可能在未来实现消费的免费化。加密数字资产作为一种世界性的、网络性的颠覆式革命，会对社会中的每一个领域、每一个群体都产生重大影响。

加密数字资产是一种未来发展趋势，希望广大读者通过阅读本书，能够准确地理解和把握这一趋势，紧随时代的潮流，成为新蓝海中的“领航人”。

目录

Part 1

“蓝色海洋”——加密数字资产

Chapter 1 \\

加密数字资产势不可挡

加密数字资产作为一种新兴的资产形态，不仅开始在经济活动中崭露头角，还逐渐占据着越来越重要的地位。那么，加密数字资产到底是什么？它是如何产生的？又有什么独特的优势和功能？是否能够成为一种具备颠覆效应的创新起点？现在，就让我们走进加密数字资产这片新兴的蓝色海洋，了解它的真面目。

互联网加速金融创新

自17世纪现代金融体系形成以来，金融就作为经济发展的“幕后推手”，发挥着越来越重要的作用。而金融的创新脚步，也一刻都未停止过。从现代银行到股份制公司，从投机泡沫到经济危机，金融创新带来了创造力，也带来了破坏力。但无论如何，金融创新还是促进了整体经济的发展，金融创新的步伐也不会因个人的意志而停止。

金融创新，是通过改变现有的金融体系或创造新的金融工具，以取得当前金融体系和工具下所无法获取的潜在利益。金融创新是金融体系和工具在环境变化节点中的一种适应和改善的过程。

任何环境剧变都有可能激发金融创新，比如技术的革新、新市场的开拓、新的生产组织方式出现等，甚至连社会动荡、经济危机等不良事件，也可能激发新一轮的金融创新。

在17世纪，荷兰东印度公司期望通过远洋贸易开发东方世界的新市场。但是远洋贸易投资大、风险高，难以快速筹集必要资本，开展进度缓慢。为此，荷兰东印度公司向公众发放了一种凭证，以许诺未来贸易收益的形式向广大公众筹集资本，以此来分散风险，提高资本筹集效率。这一现代社会最初的证券交易，实际上就是在发现了新市场的契机下产生的金融创新。而持续不断的金融创新，也让现代金融活动日益丰富起来。

随着第三次科技革命的爆发和全球经济一体化趋势的出现，一轮前所未有的金融创新自20世纪后半程涌现。经济活动的复杂化、跨境投资的需求，都在刺激着创新化金融工具的出现和金融体系的建立。现代期货交易、远程金融交易等，都是这一时期的产物。

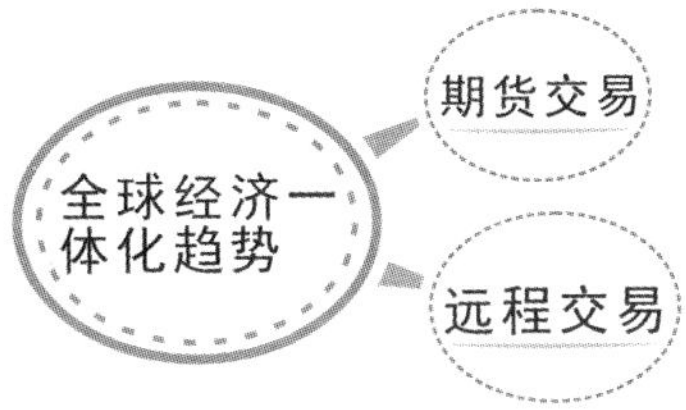

信息技术的进步虽然带来了金融领域的多元化创新，但仍然无法同互联网带来的金融创新速度相提并论。互联网凭借其巨大的覆盖率和影响力，直接改变了传统金融活动的形式，网上银行、网上证券交易的出现，使得银行业和证券业这两大金融主体的运营模式和参与模式都发生了重大变化。

对传统金融模式的改革，只是互联网带来的金融创新初步效应，随着互联网技术的深入发展和应用，一种以互联网为根基的金融新形态——互联网金融，更是让整个金融领域发生了震动。

互联网支付、互联网小额贷款、P2P网贷、互联网金融产品、众筹……这些全新的互联网金融工具对现有的金融体系造成了巨大的冲击。金融不再为大型金融机构所牢牢把持，也不再只是富人的“游戏”。有资质、有实力的第三方公司，资金实力有限的个体投资者，都能成为金融活动中的重要参与者。

仅从互联网支付领域来看，在2005年到2012年的8年时间内，我国互联网支付市场的交易总规模由152亿元激增至38039亿元，年平均增幅高达120%以上。其中，作为第三方支付的佼佼者，支付宝的用户数量由2005年的44万增长至2012年的8亿人。到2014年年中，支付宝已经占据了互联网支付领域50%左右的份额，而银联的市场份额仅为10%。

此外，互联网金融产品、P2P网贷等全新金融工具和金融形式的出现，也对银行业的存贷业务、理财产品的销售等造成了重大影响。

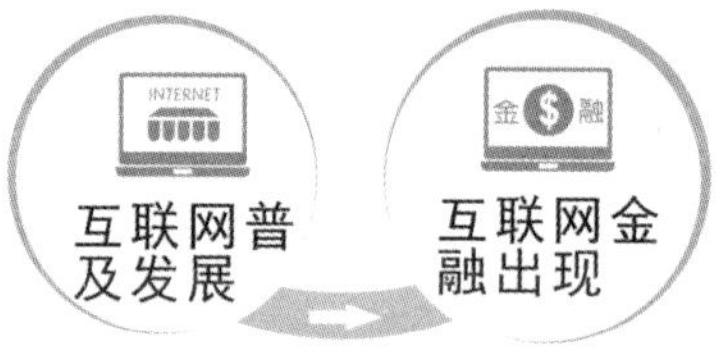

尽管互联网金融创新对整个金融体系造成了巨大的冲击，但远远未达到颠覆的作用，传统金融仍然不可取代。互联网金融借助于互联网工具的便捷性带来了超高的效率，其信用扩张能力远强于传统金融，能够快速地、低成本地沉淀资金，同时也没有类似于商业银行的存款准备金制度的限制。不过也正因为如此，信用风险、流动性风险、操作风险和安全风险等问题也随之产生。互联网金融，在当前更主要地是为中小型企业、小微投资者提供服务，一些大型的、关键性的金融活动还是需要以传统金融的形式加以应对。

互联网支付、互联网小额贷款、P2P网贷、互联网金融产品、众筹等互联网金融创新形式和传统金融之间的关系更多地是相互补充和促进。互联网金融为传统金融的发展提供了新的工具、新的模式、新的思维，而传统金融的稳定性、安全性则有助于互联网金融向着健康的方向进化。

互联网本身正是一个高速发展进化的新事物，其所催生的金融创新步伐也远未停止。互联网下的金融创新，不会止步于金融开展形态、平台、模式的转变，金融活动所涉及的资产的内容和属性，也会发生重大变动。

在全新的互联网技术和协议下，一种全新的互联网资产形态——加密数字资产，自金融创新的浪潮中出现。

互联网资产新形态

资产作为一个重要的经济学概念，对于个人和企业都有着重要的意义。**资产是一种财富载体，是一种具备商业或交换价值，同时能够带来预期经济利益的资源。**

在传统的经济活动中，资产多指各类有形资产和无形资产。有形资产通常具备实物形态，常见的有形资产包括：厂房、机械设备、土地、产品库存等。无形资产通常没有物质实体，常见的无形资产包括：货币资金、金融资产、专利权、商标权等。

有形资产和无形资产的形态不同，但它们都能够带来一定的经济效益，也都遵循着固定的法律法规和交易规则等。但在互联网时代下，无论是有形资产还是无形资产，其在交易过程中的诸多不便也愈加凸显。

无论是对于个人还是企业，当将资产作为已用时，并不会产生不便。但在复杂的经济活动中，资产的所有权不可能一成不变，个人可能需要转出资产以变现为资金，企业可能需要转入资产以寻求更好的发展。但在交易过程中，有形资产需要当面检验、清算、评估，可能还会伴随维修、运输、库存等一系列问题；而无形资产则存在价值难以精准界定、所有权转让流程复杂等难题。

而随着互联网所带来的虚拟经济浪潮，资产形态也逐渐向虚拟化发展。比如我们较早接触的虚拟货币，就是各个互联网公司发行的一种存在于网络上的一种代币，用以购买与该公司有关的产品或服务。虽然被称为虚拟货币，可以用于特定的交易，但这种由个体公司所独立发行的虚拟代币很难称之为资产，因为其生产和发行没有任何限制，也就不能承载价值，仅仅是一种由现实货币兑换而来的网络指代品，是一种数字化商品。

于是，一些公司在虚拟货币的基础之上，开始研发更具技术含量、具备价值存储功能的数字资产。这类数字资产是以电子数据的形式存在的非货币性资产，但是却能由个人或企业控制并随时出售。

与虚拟货币这类数字化商品相比，数字资产具备完全不同的性质。首先，数字资产价格昂贵，是基于特殊用途的应用软件按照某一特定工序研制而成的，不能像虚拟货币一样随意地生产和发行；其次，数字资产的理论供应量是无限的，但在数量上却具备稀缺性，因为并非所有个人或企业都能创造出数字资产，也会受到财产和存储空间的限制；最后，数字资产是可计量的，其具备投入价值和产出价值，同时也具备价值的验证性和可靠性。

这些特点，使得数字资产这一互联网资产形态真正具备了资产属性，可以用于个人或企业的会计计量中。

但是，这类数字资产仍存有很大的缺陷。首先，其存储和交易的安全性不够高，并且没有相应的机制和规则作为保障；其次，其价值也难以准确界定，难以得到大范围的共识；最后，其理论上无限的供应量使其无法像传统资产一样稳定地承载价值。

不过，互联网技术的进一步拓展，特别是加密学和区块链技术取得的突破性成果，使得加密数字资产这一全新的互联网资产形态得以降生。

与传统数字资产不同，**加密数字资产并不由固定的机构或是固定的软件系统生成和发行，而是完全依赖于一种开源软件以及构建于其上的P2P网络，通过一种特定的算法来不断地计算生成。**

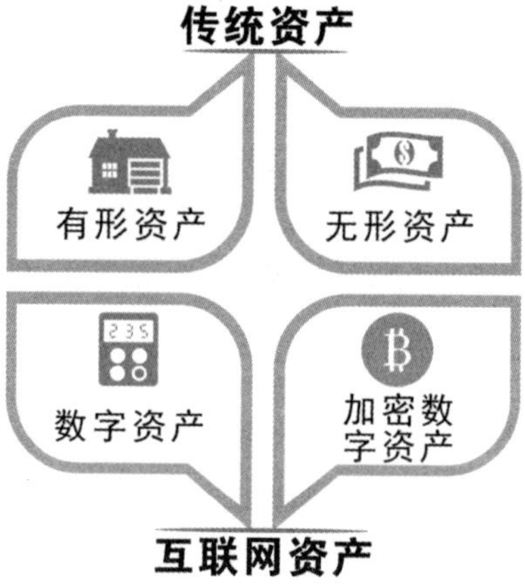

基于密码学设计的加密数字资产只能被真实地拥有或交易，并且运用密码学设计能够确保资产流通各个环节的安全性。同时，只能依存于P2P网络中的加密数字资产，使其完全具备了去中心化的运作机制，任何人或机构都无法通过大量制造来人为地操控加密数字资产的单位价值，其市场价值会在全网络中实时变动并精准呈现，不存在地域的差别。而且，同传统数字资产不同的是，加密数字资产在供应上是有限的。基于不同算法的加密数字资产在数量上不同，但必定都存在一个上限。总量上的限定，使得加密数字资产能够像黄金等贵金属一样，长期地锁定价值，而不会成为一种财富泡沫。

加密数字资产这一互联网资产新形态，真正具备了互联网特征，具备了传统资产形态完全不具备的优势。在互联网经济活动中，在未来的虚拟经济中，加密数字资产的价值潜力和应用潜力必将得到进一步释放，属于加密数字资产的时代刚刚开启。

技术的创新将颠覆这个世界

技术的创新永远是世界上最重要的颠覆力量之一，无论是古代农业生产的创新，还是近代工业生产的创新，都显著地改变了人类社会形态，进而改变了整个世界面貌。

创新从来没有停止过前进的脚步，新技术被不断地发明、应用，进而进行商业化，然后在市场中落地成为企业发展的新动力，通过推广普及改善现有的社会形态，最后又被新技术所取代而逐渐淡出市场。这就是技术创新的运动周期，这一周期也构成了整个社会前进的动力。

小规模的技术创新会带来局部性改变，大规模的技术创新则会带来世界范围内的变动。而大规模的技术创新，往往也需要一个具备非凡潜力的创新平台才能产生。

在工业时代，电气就是这样一种创新平台，以电气技术为基础，电灯、电视、电冰箱等一系列现代化电器才被顺利研制而成。到了信息时代，计算机和互联网又成为了一个全新的创新平台。计算机从最初被用于复杂计算，逐渐利用各种程序应用影响了人们日常的办公、生活、娱乐。而在互联网基础上，电子邮件、电子商务等才能成为现实。这些创新，在颠覆世界的同时也逐渐成为了一种社会必需品，无法想象将电气、计算机、互联网等事物从现代世界中消除会带来怎样的混乱与不便。

如今，互联网已经达到了高度的成熟，社交网络和移动网络的出现，标志着互联网的泛用性和普及度都已经上升到了一个新层次。在这一基础上，新的革命性技术出现的时机已经成熟。区块链技术，将成为代表互联网未来的一个全新的创新技术平台。

对于绝大多数接触加密数字资产的用户来说，区块链是一个位于加密数字资产之后的概念。但实际上，区块链技术才是基础，加密数字资产的本质，也是建立于区块链技术之上的一层协议。加密数字资产之于区块链，就像电子邮件之于互联网，没有后者作为基础，前者也将不复存在。

整个加密数字资产网络，可以大致分为三层。

加密数字资产网络

第一层是底层技术，即区块链。其本质是一种去中心化的、公开透明的交易记录总账，其数据库由所有参与其中的网络终端共享，由所有用户监管，但却没有人能够真正拥有和控制这个大数据库。区块链就像是一张巨大无比的交互式电子数据表格，任何人都可以进行访问和更新，但只有被所有用户确认和认可的数字交易才能顺利通过。

第二层是协议，即在区块链总账上进行加密数字资产转账的软件系统。这一协议是保证区块链总账交易的基本规则，也是保证交易各个环节能够顺利完成的一种应用。

第三层是货币终端，即加密数字资产本身，是在交易中所涉及的一种指代物。目前，加密数字资产的种类已达数百种之多。其中规模较大的有比特币、莱特币、狗币、瑞波币、未来币、点点币等。

不过，加密数字资产仅仅是区块链技术上的一种应用，而不是区块链技术的全部。区块链技术究竟有多大的潜能，究竟还能产生多少创新化应用，没有人能够预言。至少，相关的学者一致认为，区块链技术所带来的颠覆作用，将不在互联网之下。

在比特币浪潮中新创的科技公司，可以大致分为两个方向。一个是研究加密数字资产的系统本身，这类公司致力于完善加密数字资产交易环节的安全性和便捷性，以期让加密数字资产真正大范围流行起来。另一个则是从更大层面研究区块链技术，这类公司希望通过完善底层技术，创造出更完善的加密数字资产系统，以及在此之上发掘出区块链技术的更多应用可能。

无论如何，区块链已经成为了未来技术创新的方向之一，无数的技术发烧友、科技组织、新创公司都在不遗余力地投入研究。区块链技术本身已经得到了充分的印证和认可，如何在应用层上不断地普及深化是下一个创新课题。

随着区块链应用化的不断拓展，许多传统模式、传统思维都将被瞬间改变。比如个人化网络信任可能会使个人银行的出现成为可能，未来的金融活动可能不需要通过金融机构，交易双方直接对接即可。区块链技术，将会和互联网浪潮一样，给整个世界的面貌带来二次颠覆。

简单的“代码”蕴藏巨大的能量

建立于区块链技术之上的加密数字资产，其本身仅仅是一串串代码。这些代码所指代的也不是某种固定资产，而是存在于加密数字资产网络中的一笔笔交易记录。而加密数字资产的价值，则是对提供这些交易记录、验证所必须算力的终端的一种奖励。比特币、莱特币、狗币等等，这些加密数字资产的本质都是相通的，它们都是一串串代码，而这些代码全部是对应加密数字资产的一系列账本记录。

不过，正是这些看似简单的代码，却蕴藏着难以估量的巨大能量，并足以产生无数的革命性应用。在目前的应用挖掘中，加密数字资产已经产生了四大类应用方向，分别是：**流通交易、资产分配与转移、知识产权及物权证明、智能交易和智能合约、物联网技术。**

1. 流通交易

加密数字资产作为虚拟货币的一种进化和延展，流通交易是其最基础、最先被发掘的职能。因为加密数字资产本身具备受世界认可的市场价值，因此能够进行现实世界和网络世界的各种交易。和传统的虚拟货币相比，加密数字资产具备更高的信任度和泛用性，它不受任何机构控制，其生成完全依赖于网络算力，因此每一笔加密数字资产都具备真实价值，在此特性之上，加密数字资产能够实现世界化的交易，因为全网络的加密数字资产在固定时间点的市场价值是完全一致的。

不过，这种流通交易功能必须建立在买卖双方共同认可的基础之上。在比特币等加密数字资产诞生之初时，其创新化的概念确实不易立刻获得人们的理解，但随着数年来不断的交易尝试，比特币交易的可靠性和安全性已经得到了验证。越来越多的知名企业、知名购物网站接受比特币支付，更是为其流通交易职能注入了一剂"强心剂"。

2. 资产分配与转移

相比流通交易职能，资产属性更贴合加密数字资产的本质。由于加密数字资产价值受到市场供求的影响较强，其交易价值极为不稳定，对于买卖双方来说都要承受一定的增值或贬值的风险。而作为一种资产，加密数字资产从长远来看具备稳定的保值增值功能，而且也不会出现丝毫的折旧与损耗，受短期供求影响的加密数字资产市场价格并不会影响其长远的总体价值积累。

除了稳定的资产价值外，加密数字资产在分配与转移上也具备巨大的优势。加密数字资产不占据任何空间，用硬盘即可进行储存，在交易过程中也只需要买卖双方的账号等信息。同时，加密数字资产可以任意分割，按双方的实际需求进行灵活交割。所以，相比传统的资产交易，加密数字资产在分配和转移上具备极高的便捷性。

3. 知识产权及物权证明

每一份加密数字资产都是一串代码，而这串代码是全世界唯一且不可复制的，而这种唯一性则可以被用于知识产权及物权证明。

在知识产权及物权的权属转移中，难免会出现归属混乱、所属不明的状况，而在区块链的交易模式下，每一笔交易都可以寻根溯源，对每一笔交易涉及的时间、终端等具体信息进行追溯，从而明确每一次交易的合法性和具体权属。借助于区块链技术的分布式网络和交互式验证，可以对房屋、汽车等有形资产和专利、商品等无形资产都赋予数字产权，从而以一种更清晰、更牢固的方式证明资产所有权。

4. 智能交易和智能合约

智能交易和智能合约的概念早于1990年左右就被密码学家Nick Szabo先生提出，但是由于当时的技术条件限制，智能交易和智能合约并不能被有效地执行。直至近20年后，区块链技术的出现，才让智能交易和智能合约真正成为可能。

简单来说，智能合约由一些if-else语句构成，在区块链技术的保障下，当预设的智能合约条件被满足时，智能合约就会自动执行并完成智能交易，而且这一交易可以通过区块链被全世界认可。也就是说，这些智能合约是强制执行且无法被攻破的，具备绝对的安全性，同时能赋予买卖双方完全对等的权利。

5. 物联网技术

互联网早已渗入到人们生活中的方方面面，并逐渐从线上向线下转移，从软件向硬件转移。如今，我们的电脑、手机、游戏都联网了，甚至连汽车、住房也能够实现联网，这一线上线下对接的智能化过程，正是物联网技术追寻的方向。

而在区块链技术下，将产生一种全新的网络接入方式，包括加密数字资产在内的智能物体可以直接连接到互联网中，并进一步链接到现实中的物品，此时，这种智能物品也就成为了一种智能化财产。

比如，你想买一辆汽车，那么这辆汽车就是区块链网络中的一部分，通过去中心化市场和智能合约，你可以在网络中购买到你想要的汽车种类与型号。同时，只要在区块链中拥有私匙，即可掌握汽车的控制权，从而解锁汽车的各项功能。

加密数字资产网络的应用还远不止这些，无数的新型应用、深化应用还有待研发与普及。这种去中心化的新型网络代表的是整个互联网领域的未来，能够真正实现世界化的互联，将社会生产生活中的每一个环节都同网络紧密地联系在一起。

Chapter 2

蓝色海洋的成长

加密数字资产是一片待开拓的“蓝海”，而且这片蓝色海洋还处于不断成长的过程中，其价值潜力还在不断地扩张。通过加密数字资产的成长轨迹，我们可以断言，其必将成为一种席卷整个商业社会的巨大浪潮，进而改变商业社会的生态系统。

水滴的志向

如果说加密数字资产是一道正奔袭而来的巨浪，那么比特币正是其甩出的第一颗水滴。

比特币面世的2009年，可说是一个相当“尴尬”的时间点。世界上多个经济大国刚刚受到次贷危机的洗礼，金融危机的影响正在不断扩散。通过对整个危机事件的剖析，指责声纷纷涌向无节制的过度金融创新上。许多经济领域的人士表示，应当遏制金融创新，重整金融市场的健康生态。正是在这一“风口浪尖”的关头，比特币这种远远超乎人们想象的金融创新形式在世界上首次亮相。

一开始，人们对这种新技术支撑下的网络资产新形态并不理解，不知道比特币和传统的虚拟货币到底有什么不同，更有人认为这只是一种没有真实价值的财富泡沫。

然而，比特币的发展却不为所动，甚至有人提出比特币将会在未来取代现行的货币体系，成为未来货币的代表。这一观点立刻引起了震动，许多人对此感到错愕，一种依存于网络之上的虚拟资产，究竟有何能耐成就一种货币体系呢？越来越多的人开始投入到比特币网络系统和运作机制的研究和解释工作中，比特币的真身也逐渐向世人展示。人们认识到，比特币确实是一种了不起的金融创新，其优势远非传统的虚拟货币可以相比的。再加上市场中对比特币的需求增加，比特币市场呈现出了一种急速增长的态势。

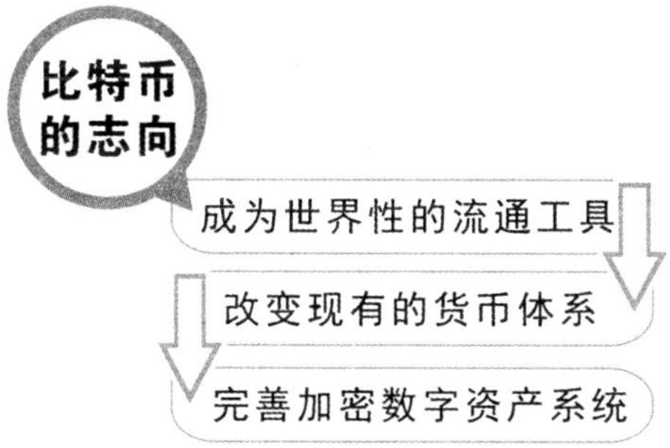

但是，比特币过度膨胀的增长也招致了怀疑与批判，数年间几十万倍的涨幅确实不是可以等闲视之的数据。究竟比特币的真实价值有没有这么高，其价值的增长究竟有没有界限，其市场高价值是不是在投机行为下催生出来的，成为人们讨论的新焦点。而在2013年，比特币市场价值在到达高点后迅速下跌，更是让这种怀疑与批判到达了顶点。

实际上，比特币作为一种前所未有的金融创新，初期的动荡和不稳定是完全可以理解的。因为整个交易网络的系统尚未成熟，且参与者投机思想严重，对比特币缺乏冷静、客观的认知，这是比特币价值剧烈动荡的罪魁祸首之一。而伴随着数年的成长和应用，整个世界对比特币的本质已经有了一个更为清晰的认识，比特币的市场价值也在2014年后趋于平稳状态。

当然，比特币的未来并非只是成为一种受世界认可和使用的交易介质，这种功能不是不可替代的，也不是比特币的生存之道。比特币的真正志向在于提供一种应用于全新网络系统的资产形态，并解决传统金融活动中金融工具和金融资产存在的诸多弊端。

事实上，比特币只是加密数字资产领域的一个代表、一个触角，其在经济领域中的应用和渗透，只是为了不断完善整个加密数字资产的系统，成为加密数字资产深度融入经济领域中的“先行者”。

如今，比特币在一定程度上已经取得了应有的成功，其在世界范围内受到的认可和应用有目共睹。水滴的志向，正在加速实现。

力挽狂澜的"巨浪"

比特币用了近4年时间，从一种不被理解的金融创新发展到一个较为成熟的应用层面。在此过程中，众多加密数字资产领域的后起之秀也随之涌现。莱特币、狗币等较大规模的加密数字资产在比特币奠定的市场基础上，以更快的速度得到了市场的认可及应用。如今，在整个加密数字资产领域中，不同规模的加密数字资产的种类多达数百种。这些加密数字资产正在从一颗颗水滴汇聚成一股巨浪，带来更为强大的冲击力。

加密数字资产，是资产的一种未来发展趋势，同计算机、互联网等技术创新一样，这种趋势不可避免、不可抗拒。无论是对于个人还是企业，只有顺应这种趋势，才能在未来争取到更好的发展机遇。

作为一种新型的金融工具，加密数字资产具备合理性、合法性、防伪性、抗通胀四种特性，这也是其影响力的重要来源。

1. 合理性

如同蒸汽机开启了工业文明一样，区块链技术的研发也开启了P2P对等网络文明。作为一种互联网金融工具，加密数字资产和我们熟知的Paypal、支付宝、Q币等截然不同，后者是基于机构研发的、用于盈利的一种应用工具，而加密数字资产则是存在于对等网络中的一种具备真实价值的免费程序。

在加密数字资产网络中，不需要核心服务器，也不需要用户的IP地址，每个用户端电脑就是网络全体服务器的一个组成部分。没有用户，也就没有服务器；用户越多，服务器的总体功率也就越大；用户端的电脑性能越高，服务器的总体效率也就越强大。

虽然加密数字资产才采用的开源软件使得任何一位用户都有权进行修改，但是这种修改必须在全球范围内达成共识才能够通过，否则就是无效的非法修改。而反观网络中由某些机构发行的虚拟货币，由于采用中心化服务器，权威机构的一个文件就可能使其土崩瓦解。因此，在对等网络时代，拒绝加密数字资产就是在抗拒时代潮流。

2. 合法性

加密数字资产在诞生初期，确实没有立即得到国家和政府层面的认可，但也没有哪一个国家宣布其是非法物品。随着加密数字资产的普及度和安全性的提高，也有越来越多的国家在法律层面上对其予以了承认。

作为一种金融创新工具，加密数字资产在不断发挥巨大潜能的同时，不会对现行的金融体系、货币体系等造成负面的干扰与破坏，反而会促使其向更好的方向发展，使国家和政府能更好地施行经济政策。正如同互联网金融优化了传统金融体系一样，对等网络下的加密数字资产下，无疑也是改善金融系统的合法工具。

3. 防伪性

加密数字资产的生成途径只有一种，就是用特定的算法不断地投入运算，没有任何捷径。而且在对等网络中，任何非法的复制、交易等不可能得到通过。这也就意味着，在加密数字资产的世界中，不存在“假币”。

在现实世界中制造或使用假币，需要欺骗的是人的肉眼或是防伪机器的“眼睛”，无论这些眼睛如何精明，只需要成功骗过一双便可以了。而在加密数字资产领域，任何一次资产变动行为都要受到全网的监控，要得到网络中无数双“眼睛”的认可。在加密数字资产的世界中造假，相当于以一己之力向整个网络挑战，无论有多么先进的设备和多么高深的技术，这也几乎是不可能完成的任务。

4. 抗通胀

通货膨胀是当今世界的一大趋势，通胀能够在一定程度上刺激消费，从而带动经济的增长。但是对于普通大众来说，通胀却可能会带来财富缩水。假如通胀率为6%，那么把钱留在手中不消费，其一年后的价值就会缩水6%。即便是做一些简单的投资，如果收益率达不到6%，那么手中的财产仍然会缩水。

纸币只是一种货币符号，因为不具备真实价值，所以通胀现象也难以避免。能够真正长期储存价值的，在过去只有黄金等贵金属才能做到。而如今，随着加密数字资产的出现，一种能够抗通胀的虚拟资产闪亮登场。

与纸币或其他虚拟资产都不同的是，加密数字资产无法随意地、无限制地生成，其总量和黄金储量类似，是永久固定的，这就使其具备了价值储存功能。无论经济如何发展，无论纸币如何通胀，加密数字资产都会像黄金一样，具备长期稳定的价值。

加密数字资产，可以被称之为无国界、无政府、无伪币、无通胀的“四无货币”，这一去中心化、开源对等的资产形态是时代发展的趋势所向。加密数字资产不仅能节约社会成本，还能保障个人权益。这样一种有益于集体又有益于个人的“蓝海”，必然会掀起带动全人类社会变革的“蓝色巨浪”。

Chapter 3

加密数字资产的积分属性

资产作为一种能够带来经济利益的资源，其属性是多元化的，譬如计量属性、交换属性等。而加密数字资产作为一种虚拟化资产，作为传统实体资产的延伸，其在具备实体资产基本属性的同时，也产生了更深层次的进化。其中，积分属性的发掘和应用，为加密数字资产的发展开拓了一条崭新的道路。

积分属性开启加密数字资产新应用

以比特币为代表的各类数字货币，将加密数字资产的概念推向了世界。尽管有人对此感到兴奋，有人对此表示担忧，但加密数字资产仍然作为一枚“重磅炸弹”震撼了金融领域。而长期以来，对加密数字资产的应用价值的完善和挖掘，一刻都没有停止过。

加密数字资产作为一种有真实价值的虚拟产品，如何让大众接受，并在现实世界中加以应用，是其普及和发展的必经之路。以比特币为代表的早期加密数字资产，更多被赋予和发挥的是货币属性。由于其总量限定、不被操控、易于分割的特性，人们寄望于加密数字资产能取代黄金，甚至改变当前的货币系统，作为未来世界货币体系的一种尝试。

既然作为一种货币，那么必须具备定价功能，即作为一种货币单位为商品标价。比如，一瓶矿泉水，在现有货币体系下，标注为2元钱。假设比特币能够发挥定价功能，我们则可以用比特币单位来表示，像是0.1比特币一瓶。

但遗憾的是，虽然加密数字资产具备价值，但是其价值完全受到供需关系的影响，而没有权威机构的认证和调控，因此其价格波动过于剧烈。虽然目前比特币的价格与其成长期时相比已相对平稳，但一个每时每刻都在发生价格变动的事物显然不适合作为定价工具。目前，许多国家虽然认可了加密数字资产的存在，但基本是将其作为资产而非货币对待的。而我国也于2013年发布通知，声明比特币不得作为货币流通，且禁止以比特币为产品或服务定价。

虽然加密数字资产的定价功能没能发挥预想的效用，但是作为一种虚拟货币，其兑付功能还是得到了一定程度的应用。早在比特币普及的萌芽阶段，就有一些狂热的比特币粉丝不遗余力地向商家解释比特币并说服他们接受比特币支付，甚至还有人只用比特币环游了世界。不过这一阶段，比特币的支付功能是建立在消费者的说服和商家自愿接受的基础上的。后来随着比特币的进一步推广和普及，整个交易系统越来越完善，也有越来越多的商业机构宣布接受比特币支付。但目前看来，由于频繁的波动性，比特币的兑付流通仍有极大的局限性，大多数比特币持有者是用于投资交易，而非进行商品的购买。

虽然在比特币之后，又推出了众多加以改进的加密数字资产，但由于货币属性的局限性，其应用范围始终有限。而随着对加密数字资产积分属性的挖掘，成功铺设了一条全新的应用之路。

积分属性下的加密数字资产是作为一种商业积分，由商家作为传统积分的替代品赠送给消费者。积分属性下的加密数字资产不直接用于实物交易，它们的每一次转移全部伴随着一笔商业交易，消费者在发放积分的商家进行消费，就能获取相应的积分，虽然消费者也可以从其他的积分持有者手中直接购入积分，但究其本源，还是来自于商家的回馈。

应用于商业积分的加密数字资产，其价值的增加也同样伴随着商业交易的扩张。消费者在发放积分的商家消费越多，整个市场对积分的需求量也会越高，而在总量限定的前提条件下，商家就会加速进行积分的回购和分割，从而带来了单位加密数字资产的价值增长。

至此，一个与商业应用紧密关联的价值链条形成。对于商家来说，加密数字资产是一种全新的营销工具，它作为一种新事物不但让消费者产生好奇，而且对比传统的促销优惠手段，加密数字资产更便捷，对消费者的吸引力更大。而对于消费者来说，从商家获得的加密数字资产，是一种保值增值的虚拟资产，是一种可变的“折扣券”，随时间推移自己相当于能享有更多的打折优惠。

相对于在货币属性上的应用，在积分属性上的应用更凸显了加密数字资产作为资产的本质。其实在本质上，加密数字资产更接近于黄金，而非我们日常生活中使用的纸币。正如我们现在几乎不会拿黄金直接用于交易一样，比特币在货币流通的应用上注定有所局限。而作为积分加以应用，则最大限度发挥了加密数字资产的各类优势，更适合当前的金融体系和商业环境。

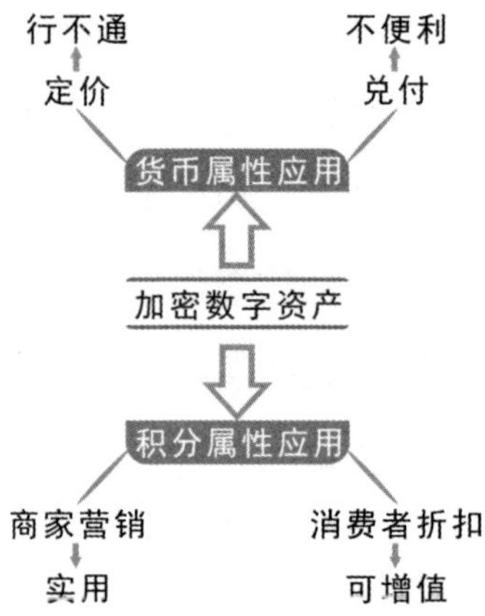

通过积分属性，将加密数字资产与商业活动进行链接，是一次应用上的创新之举。这不仅使加密数字资产获得了最直接的应用，也避免了其完全依赖供需关系而发生涨跌，还使其进入一种可预测的、不断增值的发展轨道，更有利于加密数字资产在世界范围内加快普及速度以及在应用层面的创新深化。

增值商业积分 PK 传统商业积分

积分作为一种商家用于刺激消费者进行消费的营销手段，在商业领域中早已屡见不鲜。无论是以积分换取折扣，还是以积分换购商品，积分的存在都让消费者获得了商家的让利回馈，也有助于商家提高销量，赢得客户忠诚度。

不过，随着商品市场的极大丰富，互联网消费思维的深入人心，传统商业积分的弊端和缺陷日益凸显，越来越难以使广大消费者获取良好的优惠体验。而随着人们对加密数字资产积分属性的挖掘，增值商业积分这一新型积分的出现，彻底改变了传统积分的诸多局限性。

虽然同样名为“积分”，但增值商业积分与传统商业积分的性质、作用等迥然不同，这主要源自于两者截然不同的内在本质。传统商业积分的本质是一种商家发行的优惠券，其价值是在使用中得以实现的；而增值商业积分的本质是加密数字资产，作为资产其本身就具备一定的价值。

两种积分的不同本质也决定了两者在商业应用中的各种差异，而增值商业积分在各方面都要优于传统商业积分，更符合互联网时代下的消费者需求。

传统商业积分PK增值商业积分

1. 运作机制

传统商业积分遵循的是中心化运作机制，由各自所属的商业机构发行，其数量、价值、规则等全部由商业机构自行决定。消费者对传统商业积分规则的制定有一定的影响力，但没有绝对的决策权。比如，淘宝的淘金币可以抵扣一部分商品价格，而天猫积分则可以直接购买商品，这些用途和规则完全是由商家决定的。

增值商业积分遵循的是去中心化运作机制，没有发行机构，同时也不受任何机构的操控，其数量、价值、规则等完全源于互联网协议和相应的算法。无论是消费者还是商家，都有权持有和分配增值商业积分，但无权定义其当前价格，而是需要遵循市场的定价机制。

互联网的普及带来去中心化的思潮，而增值商业积分正符合这一潮流，其内在的平等、公平、透明等特性，更能获得消费者的认同。

2. 适用范围

传统商业积分的适用范围呈现闭合性特征，每一种积分的获取和使用通常只适用于相应的商业机构。比如，我们在A超市消费或参与活动，仅能获取A超市所发行的积分，如果我们拿着A超市的积分去B超市消费，自然不会得到认可。

在线上交易中同样如此。淘金币无法用于京东商城的折扣抵现，而京豆也无法在淘宝网中冲抵现金。

增值商业积分的适用范围则呈现开放性特征，在全球范围内都是统一的，我们从不同商业机构获赠的增值积分，全部都是通用的，不仅都能够获得认可，而且其当前价值也是完全相同的。

传统商业积分的载体通常是积分卡或是注册账号等工具，而不同的商业机构所属的不同积分卡和账号，就会给我们在携带和使用上带来麻烦，譬如到某商场消费却忘记携带积分卡等现象屡见不鲜。而增值商业积分存放于一个共通账户中，无疑比传统的积分卡便捷许多。

3. 时间限制

传统商业积分通常都会有时效性，这一期限也是由商家决定的，一旦超过了使用期限，积分便会失效或清零。比如，我们常见的手机消费积分，期限通常为一年。

增值商业积分则摆脱了时间上的束缚，其存在完全是永久的。一方面，增值商业积分来源于互联网算法，即便某一个商家倒闭了，只要互联网还存在，它就能永续存在；另一方面，增值商业积分不受个人或商业机构的控制，无法被人为地销毁或是规定使用时效。

传统积分时效性的存在，不仅使积分价值有可能凭空“蒸发”，让消费者遭遇损失，而且也带来了一些“强迫消费”。为了使积分价值在期限到来前得以实现，就会有一部分消费者去购买本不想购买或不太需要的商品。而增值商业积分不与时间挂钩，为消费者提供了最大限度的自由支配权。

4. 价值流向

传统商业积分的价值流向是单向的，商家向消费者发行积分，而消费者在用于购买或打折后，相应的积分相当于被直接销毁，商家可以根据经营需要，随时向消费者发行新的积分。

增值商业积分的价值流向是循环的，商家向消费者赠送积分，不过消费者无法直接用于商品的购买或打折，而是在持有中等待或寻找进行积分回购的商家，通过交易转化为现金，而商家则将回购后的积分继续用于赠送给新的消费者。

传统商业积分和增值商业积分的不同价值流向是由其特性决定的。传统商业积分不具备内在价值，其使用价值是商家赋予的，只是一种优惠或购物凭证；增值商业积分的总量限定且不能随意操控，所以能够实现循环式交易。而这两种不同的价值流向，也决定了两种积分不同的价值潜力。

5. 价值潜力

传统商业积分并不具备价值潜力，其价值在阶段时间内是固定的。因为传统商业积分是由个体商业机构发行并规定其使用价值的，所以为了使用上的便利，不会也没必要随时调整其规则。比如，用100

积分兑换一个杯子，那么这一兑换标准在商家发布新的积分规则前都不会改变。

增值商业积分则具备价值潜力，能够实现稳定化的不断增值，这也是其最大的魅力所在。增值商业积分的总量限定且具备一个全网认可的产生机制，因此其本身就具备内在价值。而通过将增值商业积分与实体商业连通，不断刺激消费者的消费和需求，为商家带来切实利益，而增值商业积分也在“赠送—回购”的过程中实现了价值的增长。

传统商业积分与增值商业积分的不同价值潜力也决定了其发展和应用前景，具备升值潜力的增值商业积分无疑会越来越受到消费者的欢迎和追捧，而传统商业积分的竞争力则会相应地大幅下挫。

相比传统商业积分，增值商业积分是一种全面的进化。尽管两者的内在属性和机制截然不同，但是增值商业积分在发挥了传统商业积分所有作用的前提下，还突破了其存在的诸多瓶颈。作为一种源于互联网的积分，增值商业积分自带的互联网思维和精神，将会更加适应互联网商业的运营和消费需求。

积分链接了整个商业社会

早在18世纪，被誉为“现代经济学之父”的亚当·斯密，在他的著作《国富论》中就提及了商业社会这一概念。他认为，商业活动不仅能推动经济的发展，同时也能推动社会的进步。

事实上，社会发展的最大推动力不是政治也不是科技，而是商业。从三次工业革命来看，蒸汽机、电力、计算机的发明固然伟大，但如果没能将其在商业上最大化应用，那么工业革命也不可能真正爆发，整个人类社会也不可能发生突飞猛进的变化。科技在商业上的应用，能使其得到最大限度的深化和分化，从而以最快速度发挥其最大潜能，进而带来一系列产业的颠覆式变革。

如今，无论是个人、国家还是整个人类社会，都不可能脱离商业而存续。个人脱离商业，就如同孤身陷入无人岛，失去文明的庇佑；国家脱离商业，就是在闭关锁国，将被时代无情地抛离；而人类社会失去商业，不仅会止步不前，甚至还会带来纷争与混乱。

商业发挥的是一种链接的力量，连接着个人、国家，使整个社会以最佳的效率去运作和发展。而互联网的出现和应用，使得商业的链接作用得到了更大幅度的强化。

过去，商业活动的主导者是企业，特别是占据行业垄断地位或领头羊地位的大企业。消费者虽然是不可或缺的重要参与者，但却不具备足够的主动权和话语权。但互联网的普及显著地改变了这一状况，消费者的地位得到了极大的提升，他们的喜好甚至会直接决定企业的成败。

行业竞争的加剧同样使得企业更加重视消费者，于是采用多种方式去赢得消费者的“芳心”，包括产品策略、营销策略、品牌策略等。其中，传统商业积分作为企业营销策略的一环，是企业用于扩大销售，增强客户忠诚度的重要方式之一。

虽然传统商业积分的应用确实在一定程度上强化了企业与消费者之间的联系，但是由于其局限性太大，对消费者的吸引力过于有限，消费者很可能被同类企业推出的更好优惠策略所吸引。

许多大企业自然也已经注意到了积分的局限性，为了更好地用积分链接企业与消费者之间的商业活动，扩大积分的泛用性，提高积分的使用价值，打造一张由积分组成的商业网络，成为了许多企业的积分策略变革选择。万达电商致力打造的积分联盟，正是其中的代表。

目前，万达电商飞凡积分已经同平安集团万里通、京东集团等签署了积分互通战略协议，成为积分互通合作伙伴。此举，正是为了使飞凡积分实现跨渠道、跨行业的发力，为消费者提供更多的积分获取和使用场景，保证积分价值的最大化扩展。

如果能不断地增加合作伙伴，扩张积分联盟，确实能有效地改善消费者的积分使用体验，增强积分对消费者的吸引力。但是，积分联盟策略对企业的资金实力、品牌实力要求很高，而且选择合作伙伴并达成合作也并非易事，无法取得病毒式拓展，自然也难以用传统积分去链接整个商业社会。

而作为加密数字资产的增值商业积分，却可以凭借去中心化的运作机制，快速实现整个商业社会的统一化积分应用。在运用了统一的增值商业积分后，企业不必再自行发放积分，也不必再想法设法地增加积分的应用场景以提高积分价值。因为增值商业积分在全球范围内都能适用，即便持有积分的消费者不去使用和交易积分，同样能实现积分长期的保值增值，其价值潜力是巨大的。

增值商业积分的运用，使企业不必再用合作、合约等形式去寻找战略伙伴以建立积分联盟，所有使用增值商业积分的企业群，无论大小，都相当于一个隐性的整体联盟。增值商业积分将不同行业、不同规模的企业都连接为一体，使这些企业都能以同样的方式获得消费者的青睐，带动企业自身的良性发展。

增值商业积分巨大的价值吸引力，也能将企业和消费者更好地连接起来。如今，无论是线上还是线下销售，客户流量的获取都至关重要。能够最大限度吸引消费者进行消费的企业或品牌，才有机会获得更大规模的回头客，这不仅能为企业带来稳定的销量，也有助于品牌实力的增强。增值商业积分，就是一种新兴的"引流"利器。与传统的流量吸引工具不同的是，增值商业积分的成本可控，企业可以用积分的未来价值更好地吸引当前消费者，从而间接实现低成本引流。

增值商业积分的出现，一定程度上减少了同质化竞争带来的资源浪费，以拉动需求的方式带动了社会整体经济的发展。同时，增值商业积分具备价值和使用价值的双重稳定性，而且不会给货币体系、经济体系带来不良的冲击和影响。因此，链接了整个商业社会的增值商业积分，是整体经济发展的绝佳“催化剂”。

Chapter 4

加密数字资产的发展趋势

加密数字资产的发展趋势将会不断加速、不断扩张，对金融活动和现实生活的影响也将会逐渐加强。这不是猜想，众多具体事件都印证了这一大势所趋。国家政策开放、行业投资升温、商业应用的普及和深化，自上而下的一系列变革，都在顺应和引导着加密数字资产的发展趋势。

全球范围“开闸”迎接新的“血液”

任何一种新兴事物或产业，如果能得到国家层面政策的认可和支持，便会如虎添翼，有更大的可能性迎来爆发式增长。相反，如果国家认为某种新事物弊大于利，在政策上不予支持或是彻底抵制，那么这种新事物就很难发展和普及，甚至会成为社会“违禁品”。这类国家层面上对某一产业进行干预的政策、法律法规等，通常被称之为国家产业政策。

国家产业政策是不可或缺的，能够发挥弥补市场缺陷、优化资源配置、消弭经济震荡、增强适应能力等重要功能。主要通过规划、引导、调整、促进、扶持、限制、严禁等方式改变产业的市场走向。

得到国家产业政策的支持，对于一个产业——尤其是新兴产业——有着非凡的意义。首先，获得了国家产业政策的支持，等同于拥有了政策或法律武器作为发展保障，一些资金扶持、税收减免等扶持政策能够为产业发展提供有利条件；其次，国家政策的支持为产业发展创造的优越发展条件，往往能提高投资者的投资热情，这有利于新兴产业获取对其高速发展至关重要的资金支持；最后，国家政策支持的产业，往往代表着社会热点领域或未来发展方向，因此能够吸引更多高端人才前来学习或投入到该产业中，促进整个产业的创新发展。

所以，国家政策对于产业发展来说如同一个“大闸”。国家政策“开闸”，产业发展便会势不可挡，前景无限；国家政策“闭闸”，产业发展便会陷入停滞，甚至逐渐衰退、消亡。

在数字货币开始萌芽之时，这种互联网新兴资产能否得到国家政策的承认和支持，成为许多业内人士关注的焦点。特别是2009年，随着比特币这种全新概念的数字货币横空出世，加密数字货币这种更具发展前景的互联网资产走入公众的世界。人们在兴奋之余也不无担忧：这种“未来货币”在现阶段是否会扰乱市场的货币体系？又是否会因此遭到政府的“封杀”？

以比特币为代表的加密数字资产在争议中发展了四年时间，终于在2013年迎来了重大的发展转机。自2013年8月起，众多国家先后承认数字货币的合法地位，并给予不同程度的政策支持（具体内容参考表1），这对于加密数字资产的高速化、多元化发展无疑是重大的“利好”消息。

表 1　各国对加密数字资产的合法性认定

时间（年/月）	事件
2013.8	德国承认数字货币的合法性
2013.9	以色列承认数字货币的合法性并纳税
2013.11	加拿大承认数字货币的合法性
2013.12	法国承认数字货币合法性
	中国承认虚拟加密数字资产的合法性
	韩国承认数字货币的合法性并免税
	波兰承认数字货币的合法性并纳税

表 1 各国对加密数字资产的合法性认定

时间	事件
2014.1	新加坡承认数字货币的合法性并纳税
	意大利承认数字货币的合法性并监管
	美国华盛顿州承认数字货币的合法性
2014.2	澳大利亚承认数字货币的合法性并纳税
	印度澄清禁令并测试比特币
	乌克兰承认数字货币的合法性并监管
	塞浦路斯承认数字货币的合法性
	美国政府正式调查评估比特币
2014.3	英国承认数字货币的合法性并减免纳税
	日本承认数字货币的合法性并监管、纳税
	印尼承认数字货币的合法性并支持交易
	丹麦承认数字货币的合法性并免税
	美国纽约接受虚拟交易所申请
2014.4	巴西承认数字货币的合法性并纳税
2014.5	荷兰接受数字货币支付的商家超过5万
	法国成立“数字货币之家”
2014.6	美国加州承认数字货币的合法地位
2014.7	俄罗斯央行对数字货币示好
	波兰财政部承认数字货币可作为金融工具
2014.8	菲律宾承认数字货币的合法地位
2014.9	比利时政府宣布免收数字货币的交易增值税
2014.10	芬兰税务局宣布免收比特币服务增值税
2014.11	澳大利亚承认数字货币是一种资产
	西班牙将数字货币认定为合法货币
	美国加州成立全球首家加密数字资产研究所

从2013年8月到2014年11月，短短一年多的时间，加密数字资产的合法性确立如同一股风潮，迅速席卷了众多国家。除了在法律上对加密数字资产予以承认，一些国家更进一步，成立了专门的机构对加密

数字资产进行监管、研究。在未来，针对加密数字资产的国家行业政策，有望进一步开放。

截至2014年底，世界主要发达国家和经济状况稳健的国家均已在

法律上对加密数字资产予以了承认，包括我国、欧美地区大部分国家、巴西、澳大利亚等；一些处于经济转型期和震荡期的国家对加密数字资产的法律地位存在争议，主要有俄罗斯、印度、墨西哥等国家；对加密数字资产坚决抵制的，仅有越南、冰岛等经济政策不稳定或崩溃的少数国家；而非洲和南美洲的广大第三世界国家对加密数字资产尚无明确规定。加密数字资产已基本实现了在世界范围内立足。

加密数字资产必将在未来给世界金融领域带来越来越强的影响，它将成为促进世界经济发展、社会进步的“新鲜血液”。全球范围内的政策“开闸”，是各个国家紧随时代步伐、金融创新步伐的必然选择。而这也将进一步促进加密数字资产在全球范围内的完善、进化，并最终成为影响全球、改变全球的金融革命。

全新的行业投资热点

引领未来趋势的新技术、新行业，往往能够成为投资热点，受到投资者的追捧。具备颠覆性质的新技术、新行业，不仅拥有广阔的发展前景，往往还能形成一个巨大的产业链，拓展出全新的市场。

从21世纪初开始，互联网行业、新能源行业、生物技术产业等都先后成为了投资热点，至今仍有极高的关注度和追捧度。而现在，加密数字资产这一在新技术体系下诞生的新事物，其可行性和发展潜力都得到了初步验证，理所当然地成为了又一个行业投资热点。

加密数字资产的相关初创公司，正不断地被创建。而随着加密数字资产的成功实践越来越多，加密数字资产初创公司也成为了风投资金的新流入地。

加密数字资产的投资热潮，可大致分为两个阶段。

加密数字资产的投资热潮

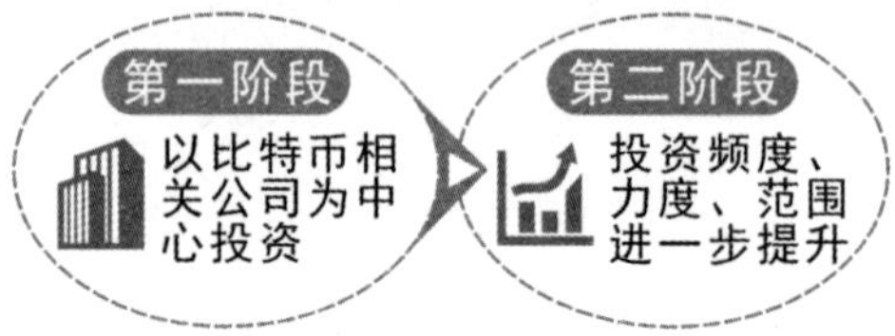

第一阶段：以比特币相关公司为中心的投资，涉及比特币的交易、支付、服务、安全等多个方向，截至2014年3月，总投资额超过8000万美元。

★ Web开发语言的应用服务器平台——Circle Internet Financial公司，从Breyer Capital、Accel Partners等投资公司获得了总计1700万美元投资；

★ 比特币自动提款机（ATM）的制造公司——Tembusu公司和BitAccess公司，分别从个人投资者处筹集了20万美元投资，从BitCapital投资公司获得1000万美元投资；

★ 致力于比特币支付方案的技术支持的BitPay公司、GoCoin公司和Kraken公司，分别从Founders Fund投资公司获得了250万美元投资，从Bitcoin Shop投资公司获得了150万美元投资，从Hummingbird Ventures投资公司获得500万美元投资；

★ 比特币交易平台——OKCoin公司和HKCEx公司，分别从Ceyuan、Mandra Capital等投资公司获得1000万美元投资，从个人投资者处筹集共计200万美元投资；

★ 韩国比特币交易所——Korbit公司，从Dream Bank等投资公司获得40万美元投资；

★ 比特币钱包安全技术服务商——Xapo公司，从Benchmark、Fortress Ribbit Capital等投资公司获得总计2000万美元投资；

★ 在线支付服务提供商——Vogogo公司，共筹集了850万美元投资，其客户从比特币扩展到了整个数字货币领域；

★ 比特币矿机芯片研发商——BitFury公司，从英国风投公司获得了500万美元投资。

以上案例，均是该阶段比特币领域相关公司的成功融资案例。即便只是致力于比特币相关技术、产品、服务开发的新创公司，也能够获得国内外众多投资公司和个人投资者的青睐。

第二阶段：对比特币相关公司的投资频度、力度、范围进一步提升，并开始向整个加密数字资产领域扩散，截至2014年11月，投资总额超过3亿美元。

★ 交易平台Vaurum，从Battery Ventures和数名著名风险投资人获得400万美元的种子基金；

★ 由维珍航空创办人布兰森和雅虎创办人杨致远牵头的财团，向BitPay注资3000万美元；

★ HashPlex获得了由SecondMarket的巴里·希尔伯特和Facebook的詹森·普拉多领投的40万美元种子基金；

★ BitGo完成了1200万美元的A轮融资，由风险投资公司红点创投牵头进行；

★ 比特币处理商BitPagos从包括Pantera在内的多个投资机构筹集了60万美元的种子融资；

★ 知名风投机构Andreessen Horowitz向比特币初创公司TradeBlock投资280万美元；

★ 风险投资公司Octopus投资200万美元给Elliptic，以开发世界上第一家比特币保险储存；

★ Xapo公司从Greylock和Index Venture处再获2000万美元融资，其总投资达到了4000万美元；

★ HKCEx公司在新一轮融资中获得了2500万美元，其总投资达到了2700万美元；

★ BitFury公司宣布其融资规模已经提升到了2000万美元；

★ 比特币中国获得了来自国际著名投资机构光速安振中国创业投资和美国光速创业投资的A轮投资，其融资总额达500万美元；

★ 区块链API供应商Chain，筹集了950万美元新投资，其总投资达到了1370万美元；

★ 丹麦数字货币初创公司Coinify，从Denmark-based SEED Capital获得了数百万美元投资；

★ 钱包服务提供商Blockchain宣布完成总计3050万美元的A轮融资，由光速创投和Wicklow Capital共同领投，这也是虚拟货币行业内最大的一笔融资；

★ 比特币综合服务公司Coinplug宣布完成250万美元的A轮融资，主要源自于当地的风险资本家；

★ 香港纯数字货币交易平台Melotic，获得了117.5万美元的种子资金；

★ 比特币支付处理商Bitnet获得了1450万美元的A轮融资，本轮融资由高原资本领投；

★ 日本东京比特币交易所BitFlyer获得2500万日元投资用于海外扩张；

★ 比特币初创公司Blockstream宣布获得2100万美元种子轮融资，并用于发展备受期待的侧链技术；

★ 比特币借贷平台Bit Lending Club宣布从欧洲风险投资基金

LAUNCHub获得20万欧元的种子投资。

以上案例，均为2014年4月至2014年11月期间的加密数字资产相关投融资事件。投资的数量、总额、类型都明显增加，其中既有第一阶段初创公司的二轮融资，也有致力于细分领域研发的新创公司融资，整个投资倾向也开始向最新技术研发、平台化方向发展。

加密数字资产投资从第一阶段向第二阶段的转变，说明整个加密数字资产行业受到了越来越多投资者、投资机构的研究和认可。对于广大的投资者和投资机构而言，加密数字资产不再只是一个风险不明、前景不明的概念性行业，而是具备现实颠覆力和未来价值的新兴行业。投资总额更大、投资方向更广的第三阶段乃至第四阶段融资，必然会很快出现。

加密数字资产投资热潮的出现，标志着整个加密数字资产行业已发展到一个全新阶段。而伴随投资行为而来的一系列资金支持、技术支持、制度支持、能力支持等，也将有助于加密数字资产实现更进一步的创新化、完善化、实用化发展。

商业应用不断普及和深化

商业化应用是新事物发展进化的最大推动力，在商业应用上具备延展性和变革性的新事物，往往具备更强劲的发展动力。

比如触屏技术，在研发之初由于缺陷较明显，并未受到足够的关注和重视，大部分人对其更是一无所知。但是随着苹果公司在第一代iPhone上大胆使用触屏并完全摒弃物理按键后，触屏技术植根于手机生产领域，且性能不断提升。如今触屏的稳定性、安全性、分辨率等不断提升，甚至开始向计算机领域发展，平板电脑、触控显示屏的出现都得益于触屏技术应用的普及和深化。

任何一种有潜力的新事物，在诞生之初都不可能完美无缺，甚至还有可能漏洞百出。不过，实践应用才是最佳的“实验室”，只有以长远的目光，大胆地尝试商业化应用，才能得到最佳反馈并实现逐步完善。技术改革与商业应用，应当共同组成一个相互促进的螺旋上升通道。

加密数字资产的发展也应当遵循这一模式，积极大胆地推动加密数字资产全方位、多元化的商业应用，更有利于整个加密数字资产体系的进化和成熟。

支付是加密数字资产的基本功能之一，也是人们最初尝试的加密数字资产的商业应用。作为一种虚拟货币，最先接受和使用加密数字资产支付功能的，是广大追求新事物、新技术的电子商务平台及第三方支付公司。

★ 2014年9月，电商巨头eBay宣布公司旗下的Braintree支付子系统中将允许使用比特币支付。据测算，这一举动将使1.52亿PayPal用户实现用比特币进行网上支付，进而推动加密数字资产的普及。

★ 2014年9月，著名的支付服务商PayStand加入BitPay，成为了最新的比特币支付处理公司，并为WooCommerce开发了一款免费的电商插件以优化支付环节。

★ 2014年10月，英国电商平台服务商Mirakl推出比特币支付的新服务，允许消费者在其网站和电商渠道中选择比特币作为付款方式。

★ 2014年10月，欧洲最大的第三方支付服务商Klarna涉足比特币业务，并为此方案专门建立了一个网络平台。

除以上公司外，谷歌在线、著名购物网站Overstock.com均已宣布支持加密数字资产支付。从电商领域和第三方支付领域着手应用，确实有助于加密数字资产的支付应用普及。一是因为电商领域的支付以小额度、高频次为主，二是因为经历了传统支付到在线支付的变革，电商领域对于新兴的支付方式包容度和适应力更强。

随着加密数字资产支付的成功应用，其支付范围也逐步从线上开始向线下转移，一些传统企业和线下实体商家也开始接纳加密数字资产。

★ 著名在线餐饮外送提供商MetroDeal宣布支持加密数字资产支付。

* 比利时电信运营商Mobile Vikings宣布接受加密数字资产支付。

* 塞浦路斯尼科西亚大学接受以比特币支付学费。

* 澳大利亚公共交通公司Mybus支持加密数字资产支付乘车。

* 美国波士顿地铁站支持加密数字资产支付购票。

* 知名计算机企业戴尔公司接受以比特币支付订单。

* 在英国，已有超过28000家商店支持加密数字资产支付。

随着整个商业世界对加密数字资产的接受度提高，以及加密数字资产支付的便捷性和安全性提升，加密数字资产的支付范围有望进一步扩张。

加密数字资产支付的一大特征便是统一化，加密数字资产建立在统一的互联网协议基础上，因此同一种加密数字资产在全球的实时价值都是保持同步的，不存在支付币种的兑换问题。鉴于此特征，加密数字资产更有利于支付的开放性发展，并最终实现全球化的统一支付。

* 大型在线零售商Overstock.com计划为美国之外的国际消费者开通加密数字资产支付，此举不仅有助于提升国际消费者在其平台的购物便捷性，也有助于其在海外的市场扩张。

* 美国大型电商网站newegg宣布，加拿大的客户现在可以使用加密数字资产在其网站上进行支付，并计划逐步扩大适用国家范围。

* 2014年巴西世界杯期间，外围竞猜市场以比特币进行替代，以当时的比特币市值计算，涉及的比特币总价值达700万美元以上。巴西的比特币交易所Bitin Vest还推出了比特币万事达（Master Card）借记卡，可以将比特币存入，并在巴西境内消费。在世界杯的巨大号召力下，以比特币为代表的加密数字资产的影响力有了极大的提升。

加密数字资产支付应用的跨国度、跨地区发展，有利于加密数字资产进一步普及化，并逐步确立一个全球统一的、有序的加密数字资产支付体系。

作为加密数字资产基础应用之一的支付功能，目前仍有巨大的开发空间。众多加密数字资产科技公司都在积极地投入到支付安全的提升、支付体验的改善等工作中。而支付功能并不是加密数字资产唯一的商业应用，也绝不是其商业应用的终点站，加密数字资产仍有巨大的商业应用价值待于开发。

要发展，必须"接地气"

当一种新兴事物出现并进入现实世界时，遭致怀疑的目光是很自然的事情。特别是在互联网下产生的一系列虚拟产品和业务，看不见、摸不着，就更难以获得公众的理解和信任。

比如现在早已使用得习以为常的支付宝，在刚推出之时可没少遭受质疑。首先，人们对于支付宝的使用安全性表示怀疑，因为在传统观念下，钱放在银行里才安全；其次，支付宝在推出之时可谓是踩在政策的红线上，没有规定能认定其是合法还是违法。

不过，随着使用的人越来越多，人们发现支付宝确实是一种安全、快捷的支付工具，便逐渐接受了这种第三方支付模式。而在支付宝之后，由于第三方支付公司大量涌现，政府也在开展专项研讨后为该行业颁发了牌照。

正如鲁迅先生所说，"世界上本没有路，走的人多了，也就成了路。"很多新事物的出现和普及都呈现了"不认可→逐步扩散→习惯化"的发展轨迹，加密数字资产也同样如此。

就拿作为加密数字资产鼻祖之一的比特币来说，在2009年至2012

年的近四年时间内，其发展速度相当缓慢，因为许多个人和商家根本不清楚比特币是什么，不理解比特币的本质，甚至以第一印象判断其为“骗局”，这样比特币又怎么可能流行起来呢？但随着对比特币研究和解读的人数增加，比特币的真实价值也逐渐被认可，一些大机构或小商家也开始尝试接受比特币支付和交易，这些不断增加的“星星之火”，也最终在2013年引发了比特币发展的“燎原之势”。

有很多人认为，加密数字资产的未来前景需要看美国的一系列动作。因为美国是世界经济和创新的领跑者，美元是“世界货币”，所以美国是否承认加密数字资产，是否支持加密数字资产的发展，将对加密数字资产的存亡发展产生决定性的影响。但我并不如此认为。

加密数字资产是一种有着重要价值的世界化资产，任何个人、组织乃至国家机构都不可能随意否定和操纵。不可否认，作为世界经济发动机，美国的一系列政策会在一定程度上影响加密数字资产的发展速度。但寻根溯源，加密数字资产能否快速、稳健地发展，关键还是在于应用上，在于能否实现“接地气”。只要加密数字资产的应用为全球带来真实价值，为广大使用者所接纳，真正地用起来，流行起来，那么其发展能量是无法限制的。

因此，**加密数字资产发展成败的关键，在于能否实现大量、大范围、高价值、便捷化的真实应用。**

处于概念期的新事物总是容易获得追捧和流行，不过如果仅有概念，缺乏长久的真实价值，一旦脱离概念期极有可能会瞬间崩塌。

在20世纪末，互联网行业也经历了概念期。当时的互联网行业受到市场投资资金的热捧，大量不具备真实价值的互联网概念公司随之涌现。而这一互联网概念泡沫最终在2001年破裂，大量资产瞬间蒸发，整个互联网行业迎来大洗牌。

不过，互联网毕竟拥有极高的应用价值，也有许多拥有真实价值的优秀互联网公司存活了下来并进入新的发展阶段。重新崛起的互联网行业，仅仅用了十余年时间就发展到了一个全新的境界。

目前，加密数字资产在全球范围内都已经基本脱离了概念期，紧接着才是真正的发展关键期。如果不能实现符合需求的普及应用，那么加密数字资产可能会作为一种海市蜃楼逐渐消散。

在2013年到2014年期间，由于比特币价格迅速上扬，许多个人将比特币视作一种投机获利的工具，而许多公司则热衷于建设比特币交易平台。但如果比特币仅仅是单纯用于买卖而不是应用，那么是不可能有未来的。所以，许多行业内的有志之士，开始更加专注于比特币的应用创新实践，致力于解决比特币在交易和支付层面的便捷性和安全性问题，希望借此打造一个更加开放的平台，促进比特币的实用化发展。

将目光放大到整个加密数字资产领域，也同样要遵循这种以实用为中心的发展思维，最终使加密数字资产同第三方支付、互联网金融产品等金融创新实践一样，得到更广泛的认同和使用。

加密数字资产的理想，应当定位在改善全球的的金融和经济体系，在全球范围内实现实用化。只有立足于真实应用，让公众易于使用，为公众带来便捷，加密数字资产才能真正掀开发展的新篇章。

Part 2

积分模式：免费消费论

Chapter 5

下一个时代叫“免费”

三次科技革命，使人类社会从农业时代迈入到工业时代，又进入到信息时代，整个世界在过去的二百余年所产生的变化是翻天覆地的。然而，时代演化和进步的步伐不会停止，未来世界还会为我们带来更多惊喜。随着全新的经济增长模式和社会消费形态萌芽，一个“免费”的时代正向我们招手。

产能过剩阻碍了经济发展之路

在工业革命之前的旧社会，产能不足是制约世界经济发展的最大障碍。三次科技革命在带来世界总产能急速提升的同时，也带来了产能过剩这一新的“经济绊脚石”。

产能过剩是指在计划期内，在既定的技术条件和固定资产的支持下，能够生产的产品总量，超出市场对于该产品的消费能力。产能过剩极易引发产品过剩，并导致产品价格下跌、产品滞销、产品报废等一系列问题。

企业产能过剩，会造成企业经营成本上升，盈利能力相应下降，削弱企业的综合竞争力。而社会产能过剩，则会造成社会资源配置不合理、市场经济混乱、经济发展方向偏差等不利现象。

产能过剩如今已成为一种世界性问题，一家企业、一个行业的产能过剩，可能会引发一系列“蝴蝶效应”。

我国自改革开放以来所取得的经济建设成果举世瞩目，但粗放式发展所带来的产能过剩问题同样不容忽视。

据相关机构在2014年的统计，我国国内共有9大行业面临着严峻的产能过剩现象，其中不乏一些支柱型产业。

1.钢铁业：作为支柱产业之一，钢铁行业的产能过剩现象已从2007年持续至今，在持续增加的产能和逐渐下降的消费需求作用下，钢铁业持续低迷。

2.煤炭业：2010年的煤炭行情可谓是“煤飞色舞”，但在此后的四年时间内，煤炭价格一跌再跌，至2014年，煤炭行业整体亏损面已高达80%。

3.电解铝：2013年，全国生产电解铝2194万吨，产能过剩率超过30%。我国2013年铝价仅为12000元/吨左右，基本和25年前持平，但由于生产成本大幅攀升，如今的国内电解铝生产企业几乎无法盈利。

4.光伏：光伏作为备受瞩目的新能源产业，却深陷产能过剩的困境，其中太阳能电池产能过剩高达95%。众多市值数千万的大型光伏企业，也难逃最终破产的命运。

产能过剩现象，不仅会导致严重的社会资源浪费，也不利于整个行业的良性发展。为了能尽可能将过剩的产品销售出去，必然会在不同程度上出现低价倾销的现象。特别是一些出口产品，低价销售可能会影响当地的正常行业秩序，进而引发“反中情绪”，同时也不利于中国品牌国际形象和地位的提升。

当然，产能过剩不仅仅存在于中国，存在于发展中国家，即便是发达国家，也同样存在不同领域、不同程度的产能过剩现象。产能过剩的原因是多方面的，其中有两点因素影响最大：一是市场消费能力预估失准；二是产业创新能力匮乏。

● 市场消费能力预估失准

产能过剩现象由两方面构成，生产量过多和消费量过少。而这两方面问题的出现，往往都和市场消费能力预估不准确有关。

产能过剩，往往集中在传统高利润行业和新兴行业上。在某一时段，由于对这些产业的利润潜力和发展潜力估计过高，导致大量新创企业涌入，毫无规划地扩张规模，这自然会使行业实际整体产能与实际消费能力产生严重偏差。具体到一家企业中，过于投入到生产规模的扩张中，缺乏对市场的精准调研和开发，就会使企业战略失当，并诱发产品过剩。

对于市场消费能力的评估，不仅需要个体企业对行业现状和预期做出理性的、科学的判断，也需要政府进行必要的引导和控制。

● 产业创新能力匮乏

产能过剩现象不是由科技创新造成的，恰恰相反是由于创新能力不足。纵观三次科技革命后的产能变化，从蒸汽时代到电器时代再到信息时代，每一个时代都迎来生产能力的巨大飞跃，却并未因此引发世界性、常态化的产能过剩现象。有人认为，那是因为过往的时代需求更广泛，而当前时代人们的需求基本得到满足，世界性需求已经趋于饱和。但事实并非如此。

生产能力提升、科技进步在不断满足人们需求的同时，也不断刺激着新需求的产生，世界性的需求实际上是在扩张而非缩减。不过，如今人们的需求已经基本脱离了低级层次，需要更具创新性、颠覆性的产品，这就需要更深层次的产业创新。

创新是有时效性的，一种创新发明可能会在十年后、五年后甚至一年后就丧失了创新性，成为常规性事物。在创新的新意不足时，大量的同质化产品便会开始涌现，在市场饱和后就容易陷入产能过剩状况。在此之上对产品“小修小补”式的革新很难诱发新一轮创新，对于市场需求的刺激也极其有限。

例如光伏产业，之所以产能过剩现象严重，最主要的原因还是技术进步不足，太阳能电池的能量转换率、储备率、利用率等无法满足许多企业的要求，仅仅靠扩大生产规模自然无法刺激市场消费。

因此，**产能过剩的解决之道，不是限制生产、限制技术创新，而是应该鼓励颠覆式创新，进而从根本上改变产业链，拉动市场总体需求。**

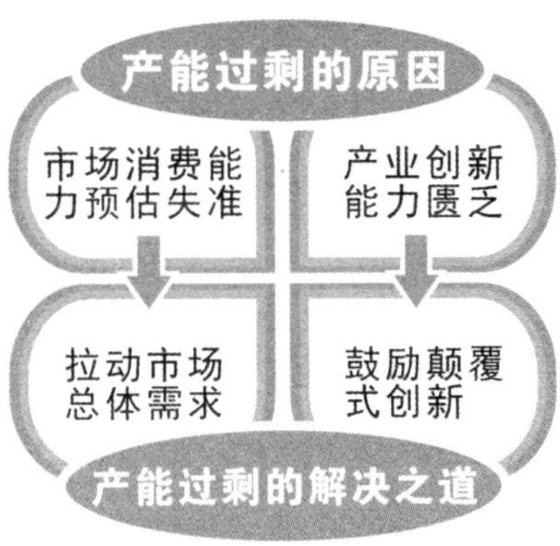

产能过剩对于过剩行业和其他行业都会产生不利影响。从产能过剩行业的角度上看，由于产品销售困难，对于创新的投入往往会更加缩减，创新人才不愿进入该行业，会使整个行业的发展进一步停滞。而从其他行业的角度上看，有限的社会资源被产能过剩行业大量占据且没有转换为足够的真实价值，资源配置不平衡使其他行业，特别是新兴行业的发展资金、资源不足，也不利于其快速成长。

所以，无论是从小层面的企业、行业来看，还是从大层面的国家、社会来看，产能过剩都是一种强大的经济阻力，严重制约着整体经济的快速发展。探索一种行之有效的增长模式，是整个商业社会的当务之急。

财富增长需要全新的“造血系统”

财富增长的“造血系统”，就是财富增长的模式，通过“生产→消费→再生产”的基本循环通道，使一家企业乃至整个社会的财富不断增长。**不同的“造血系统”，实际上就是围绕着生产和消费这两大基本经济元素之间的不同关系建立起来的。**

不过，在旧有的“造血系统”下，财富很难实现持续不断的良性增长。由于缺乏新鲜血液的刺激，旧有的“造血系统”正不断趋于“死循环”。不但使经济增速放缓，而且出现了诸如产能过剩等社会性问题。“生产推动消费”系统，正是旧有“造血系统”中的典型。

● “生产推动消费”系统

这是一种最传统、最普遍的“造血系统”，其基本运作模式是通过高效率的生产，以低成本推出高质量的产品或服务，进而推向市场，并最终获得资金回流，实现不断的财富积累。

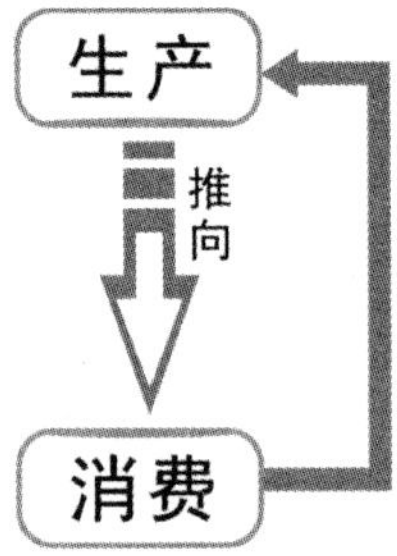

工业革命的爆发将这种“造血系统”推向了发展的顶峰。由于实现了由机器替代人工进行生产，社会生产力得到了大幅提升，大量新事物、新行业的涌现也极大地刺激了社会总需求，市场中存在巨大的产品空间待于填补。在这种环境下，企业的首要目标就是快速、大量、低成本地进行生产，如此才能更好地满足市场需求，才能在竞争中占据优势。标准化生产、流水线式生产等，都是在此系统推动下的产物，也显著提高了社会生产效率和生产效能。

“生产推动消费”系统，在很长一段时间内，都是近代化生产模式的主流，也是近代化企业管理内容中的重要组成部分。但是，随着时代的变迁，这种“造血机制”的弊端也愈发明显。

“生产推动消费”系统是以企业生产作为根本原动力，无视或不重视市场真实的消费需求，就很容易造成社会资源不理智地涌入，进而引发产能过剩。在商品极度匮乏的时代，这种系统的弊端被最大限度地掩盖，但当今时代，刚性需求市场不断趋于饱和，该系统的推动作用也愈发弱化。而且，一味追求效率的模式更易于导致同质化竞争的出现，使发展步伐放缓。

如今，“推动式”模式在整个商业社会中仍然占据着很大比重，不过要使社会财富增长模式焕发生机，做出变革是必须的，这就需要重新调整生产与消费的地位关系。

● “消费拉动生产”系统

“生产推动消费”系统的弊端，早在20世纪中叶就已经被一些企业家和经济学家察知。为了避免由于过度生产、不合理生产造成的不必要浪费，一种以客户需求和市场需求为基础，逆向拉动生产进行的系统随之出现。

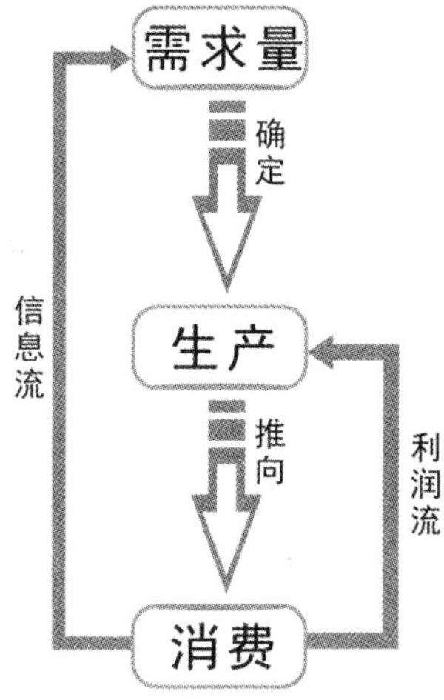

日本丰田公司推行的JIT生产模式，就是这一系统的代表之一。

JIT（Just In Time）生产，又称准时生产、精益生产，这是一种多品种、小批量、短周期的生产方式，和传统的大规模生产截然相反。JIT生产的基本思路是，“在需要的时候，按需要的量生产所需的产品”。即从精准的消费需求出发，制定相应的生产计划，从而避免浪费，追求低库存和零库存。

JIT生产的出现，是生产领域和管理领域中的一次革命，世界许多大企业受到了启发。自此，“拉动式”的增长模式越来越被重视。

戴尔公司的成功商业模式，同样是建立在“消费拉动生产”系统上的。

作为计算机品牌中的后起之秀，戴尔公司没有大量的产品库存，而是将主要精力放在了打造优秀的预定平台和供货渠道上。当客户有需求时，直接向戴尔平台发出预定申请，戴尔即可联络各地的零件制造商进行生产，然后再发往戴尔总部进行统一的装配、包装，最后送达客户手中。

在这种商业模式下，戴尔不仅实现了低库存，同时也实现了个性化定制业务。客户在预定时可以不必选择现有的机型，只需报上自己对硬件的要求，戴尔即可为客户装配一台符合需求的产品。

“消费拉动生产”系统不仅最大限度地避免了产能过剩现象的产生，而且也更加符合互联网时代消费者的个性化需求。不过，为了更好地实现未来财富增长，仅靠这一系统是不够的。“消费拉动生产”系统，相对来说较为静态化和被动化，过于遵循市场消费能力有时无法发挥出其最大的生产潜能。因此，全新的“造血系统”不仅要尊重消费，更要刺激消费，拓展市场需求。

●“刺激消费增长”系统

未来的“造血系统”，需要更好地平衡生产与消费的关系，以消费带动生产，以生产刺激消费。而在这个刚性需求趋于饱和的时代，刺激消费增长就必须建立在创新的基础上，包括产品的创新、服务的创新、营销的创新乃至整个商业模式的创新。唯有给予市场足够强烈的刺激和吸引力，才能有效地开拓出新的需求领域。

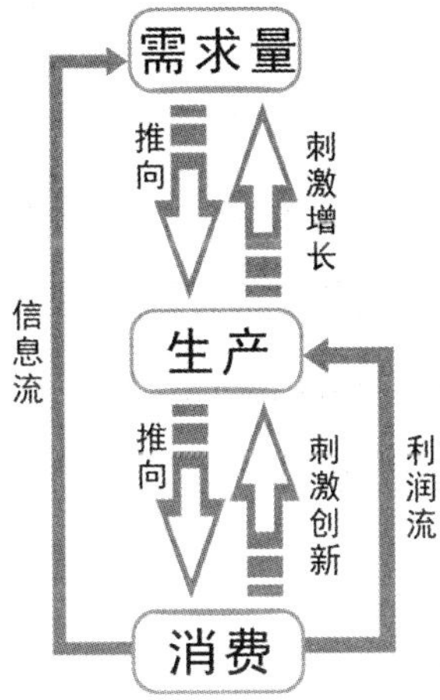

产品和服务系统的创新，不同行业间有着巨大的差异，但营销系统的创新，则存在共性之处。

一讲到刺激消费的营销系统，很多企业和商家首先想到的便是各种形式的促销，比如折扣、赠品等。这种营销方式本身并没有错，但最大的问题在于，这种形式的促销不可能是常态化的。你可以连续一周去做这类促销活动，但不可能一整年都去做。一来是因为这会增加经营成本，降低利润率，并非长久之计；二来是这种“小恩小惠”式的促销只有附加一个短期限才会更有价值，长期开展只会让消费者感到麻木。

因此，在“刺激消费增长”系统中，需要寻找一个更佳的营销标的物，要具备可持续的发展和应用价值。加密数字资产的积分属性，恰恰能够实现这一价值。

作为一种可交易、可增值的虚拟资产，加密数字资产远比一些小赠品更有吸引力。而且，商家赠送加密数字资产，是建立在消费者消费的基础上的，即建立在商家盈利的基础上。无论是加密数字资产的赠送还是回购，商家都已从中获取了自己应得的利润。而在不断的“发放—回购”过程中，由于积分的增值，原先持有积分的消费者也能从中获利。这样，消费者的消费欲望自然得到了强化，因为他们在消费中获得的是一种可增值的“优惠”。

如此，一个良性的增长系统便搭建完成。借助于加密数字资产对消费的刺激，企业和商家可以放开手脚投入生产和经营，消费者也可以更“大方”地消费，形成一个更具活力、更具动力的财富增长机制。

未来的财富增长之路，需要更多地借助于“刺激消费增长”这一“造血系统”。新系统通过对生产和消费关系更为精准的把握，平衡商业社会中的速度与质量，从而使社会总体财富的增长兼具效率性和科学性。**作为一种系统化创新，新的财富增长系统必将冲破落后系统的桎梏，使经济发展迎来重大转机，最终将整个商业社会带入免费时代。**

免费消费的基石是总体财富积累

免费消费是每一个人的渴望，也是整个社会的发展愿景。但也有许多人认为，这终究只是一个美好的梦想，不可能真正实现。在商业体系中，有消费就必须有相应支出，如果消费者进行了消费却没有为此付款，那么商家就要为此买单，这种模式不具备可行性。

不过，以上观点只是以静态的视角看待问题，在恒定的社会总财富下，收入和支出自然是守恒的。但社会经济的发展是一个动态的过程，社会总体财富也处于一种不断积累的状态中，在动态的视角下，免费消费是具备可行性的。

随着财富的积累，当新增值的财富足以抵销我们之前的消费成本时，就间接地实现了免费消费。随着财富的不断积累，一个生产力极大提升，物质极度丰富的社会也终会形成。免费消费，不是建立在剥夺某一方利益的基础上的，而是建立在总体财富增加基础之上的社会共赢形态。

可是，在现行的商业系统下，总体财富的积累速度和积累模式不可能实现免费消费。

目前，普遍存在于商业社会中的发展模式是“复制模式”。众多企业和商家为了降低风险、减少困难，直接借鉴成功的产品模式或商业模式，以此开展竞争，试图在市场中分一杯羹。这种模式给我们的直观感受是：一旦哪一种商品火了，很快就会有大批同类商品蜂拥出现，在快速带来市场盛况的同时也极易扼杀创新。

有些企业在借鉴产品模式或商业模式时，会对其进行相应的改造以期获得更大的竞争力。但这种方式只是调整而非创新，其作用仅仅是从A中衍生出A1、A2，但无法使A生成B或C，无法带来本质上的变化。

“复制模式”是一种透支行为，透支的是行业的发展潜力和消费者的消费欲望。在复制模式下涌现的同质竞争，会极大地牵扯相关企业的精力，他们为眼前的生存争抢市场，自然无法更好地顾及未来发展。行业中的竞争成为一种“内耗”，行业价值和客户价值则在此过程中被过度榨取，整个行业的发展速度也会随之放缓。

“复制模式”不可能创造出美好的商业前景，高效率的财富积累需要由“创新模式”来实现。

“创新模式”不只是要创造出具有吸引力的产品或服务，关键是要用这种创新的形式培养消费者的需求，拓展整个行业的广度和深度，从而不断地将“蛋糕”做大，获得可持续的收益。而这种“创新模式”，只靠少数创新企业去践行是远远不够的，只有市场中的所有企业都投入到创新浪潮中，才能带来社会性的颠覆效应。

“复制模式”下的商业社会是“一潭死水”，有限的“水源”被不断瓜分，终有枯竭的一天。“创新模式”下的商业社会则是“源头活水”，只有有新“水源”的不断注入，才能实现可持续的财富积累。而可持续的财富积累，也是免费消费实现和普及的“营养源泉”。

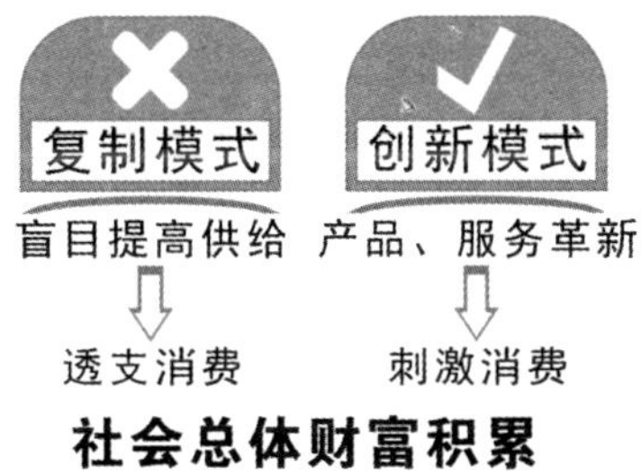

着眼于全世界，经济状况虽然有周期性的震荡，但总体仍呈现出明显的上升趋势，而且还是一个极其快速的上升通道。人类社会在近二百余年内所创造的财富总量，甚至超过了数千年历史的总积累。在这期间，尽管经历了经济大萧条和二战的双重灾难，但仅仅用了短短数十年，战后的世界经济就完成了复苏，甚至远远超过了战前经济。

世界经济的增长潜力，远比我们想象中更强大。社会财富的积累，不仅让人均消费水准得到了提升，也降低了总体的消费成本。汽车、计算机、手机等，这些曾经的“奢侈品”，如今已经成为人人都有能力消费的“普通品”。人们对刚性需求的花费占比，也在不断下降，越来越多的人为更舒适、美好的生活消费，而不是再为基本的生存需要而消费。

免费消费不是黄粱美梦，也不是空中楼阁，而是可行的商业系统，是一种代表未来社会形态。**惠及全社会的免费消费体系，唯有建立在总体财富快速、稳定的积累之上，才能真正实现。**

虚拟经济拉动实体经济

虚拟经济的概念最初被提出时，许多人对此并不感冒。在人们的传统观念中，经济和财富应当是具备实体的，应当是“看得见、摸得着”的，而虚拟经济如同海市蜃楼，终有幻灭的一天。但实际上，虚拟经济早已深深植根于社会经济之中，无法剥离了。

虚拟经济和泡沫经济是两个完全不同的概念。泡沫经济才是真正意义上的海市蜃楼，看上去“很美”，但终会消失。虚拟经济则是和实体经济相对的概念，虽然名为“虚拟”，但却具备真实的应用价值。虚拟经济是经济虚拟化（或称“金融深化”）的必然产物，我们经常接触的金融业、体育经济、博彩业、收藏业等，都是虚拟经济的具体表现形式。

经济的本质实际上是一套价值系统。在实体经济中起作用的是物质价格系统，由成本和技术来支撑定价；而在虚拟经济中起作用的是资产价格系统，以资本化的定价方式作为基础。由于资本化定价，虚拟经济在基本价值规律的基础上，也会被人们的心理因素强烈影响，从而呈现出内在的波动性。股票就是一个典型代表：当股民看跌一支股票时，大量抛售就会引发股价下跌；当股民看涨一支股票时，大量购进就会引发股价上涨。

虚拟经济是由虚拟资本衍生而来的，而虚拟资本的基础则是借贷资本和银行信用制度。虚拟资本本身不具备价值，但是却可以交易，可以像实体资本一样实现增值。因为虚拟资本所代表的实际资本已经投入到了生产领域或消费领域中了，如果没有实体资本做支撑，虚拟资本是不可能具备交易价值和增值空间的。

由虚拟资本衍生出的虚拟经济，也必须以实体经济作为支撑，无法单独存在。而随着虚拟经济系统的完善与成熟，虚拟经济对实体经济的反作用力也日益增强，甚至直接影响到实体经济领域的决策和发展。

再以股票为例。股票的本质实际上是对未来经济状况的一种有据预测：一家公司的股价下跌，说明其发展动力不足；而一个金融市场的股指下挫，则说明整个市场经济疲软。当股价下跌、股指下挫时，公司和政府部门都不会坐以待毙，而是会研究新的发展战略，推行新的经济政策，以此来调整、促进实体经济的发展。

由此可以看出，在当前的社会经济体系中，**实体经济决定着虚拟经济，而虚拟经济对实体经济有着显著的能动作用**。两者之间的关系，是一种唯物主义的辩证关系。

在现代经济中，货币已不再是黄金等贵金属，包括纸币、电子货币等在内的信用货币，实际上都是“虚拟”的。银行等金融机构经营货币和创造货币的过程，也都属于虚拟经济的范畴。虚拟经济早已深入到商业社会中的方方面面，它如同血液一般提供着经济发展的动力和生命力。没有虚拟经济，也就没有现代经济，现代化实体经济的快速运转也已无法离开虚拟经济。

实体经济活动必须拥有一定的时间和空间，这是从生产到消费流程中必不可少的。但虚拟经济活动更多的是价值符号的转移，相对于实体经济而言流动性更高。随着互联网工具的普及，虚拟资本的无纸化、电子化使其能够在瞬间完成交易，显著提高了社会资源配置的效率。

但虚拟经济是一把双刃剑，带来经济快速发展的同时也潜藏着巨大的破坏力。实体经济的主要影响因素是社会必要劳动和供求关系，但虚拟经济的影响因素则过于复杂且不遵循一定规则，难以准确预估、驾驭。因此，虚拟经济总是会带有一定的投机性，越是复杂的金融创新，其投机性也就越大。比如期权和期货，其设计的初衷是通过对冲交易，预防和消弭商业贸易中的潜在风险，但如今却成为了许多投机资本短期牟取暴利的工具。

过度复杂化的金融衍生品，使得一些虚拟资本与实体资本大大剥离开来，人们甚至不知道自己手中的虚拟资本究竟对接的是哪种实体资本，又究竟有没有真实价值。2007年起源于美国金融市场的次贷危机，罪魁祸首之一就是房地产行业中过于泛滥的金融衍生品。

所以，虚拟经济必须和实体经济紧密地结合在一起，共创发展之路。以实体经济作为根基，虚拟经济拉动实体经济发展，这才是理想的经济发展链条。而加密数字资产的出现，则为这一链条提供了一种运作模式。

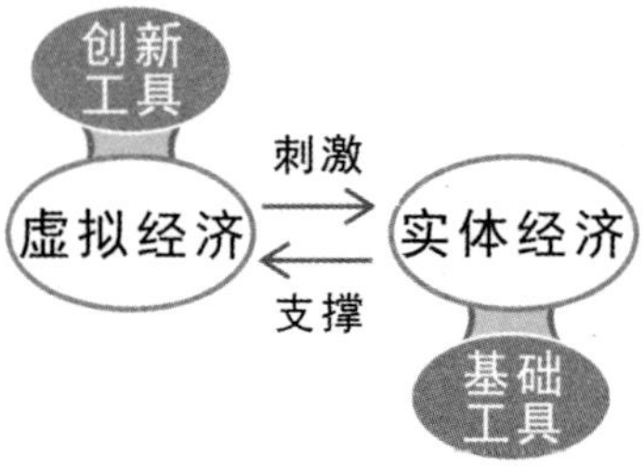

积分属性下的加密数字资产，是完全建立在实体经济基础之上的。积分的流通和增值，完全同实体经济的运作保持同步。如果实体经济陷入停滞，那么积分就不会在商家和消费者之间进行流通，其单位价值也不会增加。所以，加密数字资产的积分价值不会被随意操控，也不会无条件、无限制地增加。而加密数字资产的积分增值性，也能极大限度地刺激社会消费，拉动社会总需求的增加，从而带动实体经济更快发展。

以加密数字资产为代表的虚拟经济，能够锁定真实价值，更具稳定性和可预测性，这突破了以往虚拟经济的弊端，避免了泡沫经济的出现。以虚拟经济拉动实体经济，符合社会经济系统的发展需求。在未来商业社会中，不断完善的虚拟经济将得到更大范围、更深层次的应用，在这一过程中，虚拟经济的应用价值也将得到最大彰显。

Chapter 6 \\

蓝色海洋的独特魅力

加密数字资产这片蓝色海洋，究竟有什么独特魅力，能成为引领新时代的潮流呢？这一切都源于加密数字资产完美的内在机制。加密数字资产是虚拟资产深化发展的产物，而在不断的进化过程中，加密数字资产不断克服着传统虚拟资产的弊端，并逐渐成为了一种潜力无限的新型互联网资产形态。

唯一永远是唯一

不同类型的加密数字资产，是在特定算法下的一串代码。而当一串代码从网络中生成后，永远不可能以相同的算法获得同种代码，因此每一个单位的加密数字资产在全世界都是唯一的且不可复制。而每一串代码，既是加密数字资产本身，也是它的“身份证”。

特定算法下的代码唯一性，是加密数字资产真实价值的重要保证。

在实体经济中，影响产品价值的重要因素之一，是生产该产品的社会必要劳动时间。也就是说，一件产品越是费时费力，其价值也就越高。如果一件产品不需要耗费时间和精力，那么其就是低价值甚至无价值的。比如一些互联网公司独立发行的代币，这类虚拟货币几乎不需投入，且能由该互联网公司随意地复制和增发。因此，即便这类虚拟货币具备使用价值，也不具备真实价值。

有真实价值的虚拟资产，必须要包裹一定的劳力或投入，而加密数字资产正是这样一种虚拟资产。虽然加密数字资产的生成不需要投入人工的劳力，但却需要投入计算机的运算能力，其相应的特定算法是极其复杂的，需要通过大量计算、耗费大量时间才能生成一串代码，不可能随意地复制或增发。所以，加密数字资产具备内在的真实价值。

代码的唯一性不仅保证了加密数字资产的价值，也能验证其真实性。

在现实生活中，总有不法分子用伪造货币的手段为自己牟利。虽然这些伪造纸币无法逃过验钞机的“火眼金睛”，但用肉眼观察却极难分辨，一不小心就会“中招”，让人防不胜防。

而在加密数字资产领域，就不必担心“伪造货币”的出现。属于加密数字资产的唯一代码，是以大量的运算作支撑的，这是获取它的唯一途径。即便是技术再“逆天”的黑客，也只能做到利用病毒、网络攻击等手段窃取、占有他人的加密数字资产，而不可能制造出伪造的加密数字资产。

在验证真实性的基础上，代码的唯一性也能用于验证权属。

在我们日常使用的人民币纸币上，也有一串串不同的编码，但是这些编码仅仅是用于记录生产批号，我们在使用过程中不可能去记忆、记录这些编码。因此，所有的纸币在我们看来都是同质的存在，没有A、B、C之分。如此一来，一旦纸币脱离了我们控制，就很难去证明自己对它的所有权。比如，你在路上不小心丢了100元，被另一个人捡走了，你发现后去找他索要，但在没有目击者和监控证明的情况下，你难以证明这100元钱是属于自己的。

而在加密数字资产中，这种权属证明的功能是能够实现的。基于密码学设计的加密数字资产，只能被真实的拥有者转移或交易，这就确保了资产所有权。而加密数字资产的每一次转移和交易，都会被网络记录下来。通过对记录的不断查询验证，可追溯到每一块加密数字资产的生成。这就相当于，整个网络为每一块加密数字资产都分别建了一本“记录手册”，用以记录其流通的全过程，因此每一时段的加密数字资产的所有权都能够得到证明。

唯一性伴随着加密数字资产的诞生、转移、交易的全过程，所有同类的加密数字资产在本质相同、运作机制相同的前提下，又都是独一无二的，分别拥有属于自己的流通轨迹。这一特性，是建立在加密数字资产的天然属性之上的，也让加密数字资产的应用功能更加多样、更加全面。

永远的恒定

资产的保值增值，必须建立在总量限定的基础上。我们日常生活中使用的纸币没有保值增值的特性，因为其仅仅是一种货币符号，政府可以根据实际的经济政策需求增发或缩减纸币总量。而黄金则能够实现保值增值，作为一种贵金属货币，黄金不仅价值高，而且在全世界的储量是恒定的。

恒定的资产能够锁定价值，但在实际的经济运作中未必是最好的选择。我们在现实生活中，不可能拿黄金直接交易，因为有携带、分割、损耗等一系列问题存在，很不方便。而放眼于当前整个社会经济系统，也不可能再采用贵金属货币作为市场流通货币。政府可以通过在一定程度上调节市场纸币流通总量来刺激或引导金融市场，从而达到提振经济发展的作用。而使用贵金属货币，政府就失去了对经济的调控能力，这不符合当今世界的经济发展规律和模式。

尽管纸币已经成为世界经济体系中最为基础、最为重要的一环，但它永远不是财富载体，因而不具备真实价值，这也是许多虚拟资产与生俱来的属性。

互联网的巨大能量，主要是由其强大的复制能力和传播能力赋予的。这两大能力使互联网能以超低的成本达成超高的效率，因而对许多传统事物造成了冲击。比如广告行业，在传统广告模式中，无论是宣传单还是电视广告，都需要巨大的投入，而且随宣传单数量的增加或电视广告播放时间的延长，成本也会近乎成正比地增长。但在互联网广告模式下，广告的制作与投放几乎是零成本的，而且同一则广告，无论复制多少、投放多长时间，成本也基本不会有大的变化。

然而，尽管互联网的功能很强大，但却不具备财富载体的功能。由于能够被近乎无成本地无限复制，互联网中许多事物的真实价值无限趋于零。不过，随着加密数字资产的出现，互联网真正拥有了属于自己的财富载体。

每一种加密数字资产的发展过程，都是从零开始不断增加积累的过程，但是其总量却是自设计之初时便已经确定下来的，永远不可能超过数量上限。加密数字资产就像是一道固定解的数学题，答案有许多个，可以被不断计算出来，但答案的总数却是有限的。

以比特币为例，比特币在设计之初，便已规定了2100万这一总量，比特币总量会不断积累，但永远不会超过2100万。

比特币的“挖矿”机制，实际上是运用计算机解决一项复杂的数学问题，当“挖矿者”成功得出一个合格答案后，便会得到一笔比特币作为奖励。在2009年比特币刚诞生时，每一笔赏金是50个比特币，即比特币的总量以50为单位不断增长。当比特币的总量达到1050万时（上限2100万的50%），每笔赏金减半为25个。而当新增比特币数量达到剩余总量的一半时（总量1575万），每笔赏金再次减半为12.5个，之后以此类推。

在这一增长系统下，比特币的生成速度会不断减缓，最终不断地趋于2100万的总量上限。

不同加密数字资产的设计总量不同，但增长模式都是同样的，它们都是一条无限趋近的增长曲线，以不断减半的增长速度趋于其对应的上限，其总量是永久恒定的。

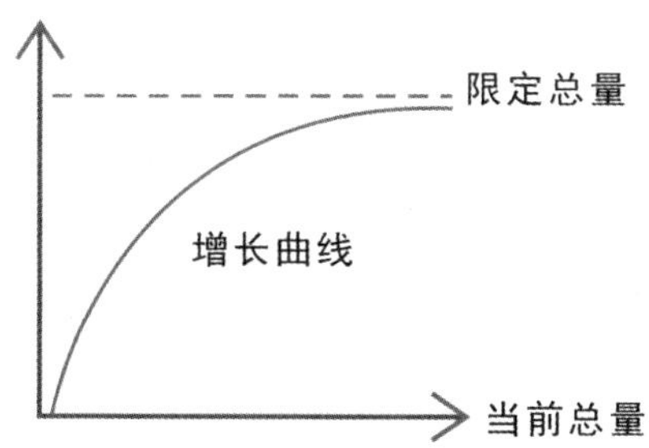

加密数字资产总量限定模型图

有人会为此担忧：随着加密数字资产的增长速度减半，其价值累计速度是不是也会不断放缓？这是完全不必要的担忧。加密数字资产的数量，只是一种符号，投入的算力不减少，其价值增长速度就不会变，而且还会带动整个加密数字资产的增值。比如在两个不同的时段中投入相同的算力，前一时段获得了100块加密数字资产，后一时段仅能获得50块加密数字资产，但由于付出的算力、时间等都是相同的，因此在两个时段中，100块和50块加密数字资产分别对应的真实价值都是同样的。只不过，随着后一时段加密数字资产的生成，前一时段中的加密数字资产的单位价值随之提高，因此当前的价值总量也随之增加了。

总量限定是加密数字资产的关键属性，但这一限定的总量具体是多少其实并不重要。总量为1万的加密数字资产，未必比总量为5千的加密数字资产价值更大，而是要看两者的运作机制和市场的供求关系等因素。作为一种虚拟资产，加密数字资产并不存在分割、流通不便的问题，因此总量上限是多是少并不影响实际应用，也不影响对价值的锁定。

总量限定的关键词是“限定”。因为限定，所以加密数字资产才能成为财富载体，才能去承载相应的价值。而总量的具体数值，只是不同的加密数字所运用的不同算法和机制下的“附属品”，并非是加密数字资产优劣的评判标准，也不影响加密数字资产的价值承载能力。

自有的生态系统

无论是实体资产还是虚拟资产，在金融市场中运作必然要有一套可行的系统，这一系统界定了资产的生产、转移、交易等一系列具体规则，引导资产运作的进行。资产的运作系统，可能是为确保资产运作能有序、稳定进行而人为设计添加的，也有可能是在某种资产天然属性下与生俱来的。加密数字资产就具备一套自有的生态系统，保障整个加密数字资产网络都能按照既定规则进行活动，而不需要外力的监管与约束。

传统的虚拟资产的系统是中心化的，在中心化的运作下，有着诸多不可规避的弊端。首先，中心化意味着虚拟资产的发明者或运营商拥有一定或绝对的主导权，他们可以按照自己的意愿对虚拟资产进行干预或调控，整个虚拟网络系统就无法获得普遍性的信任；其次，中心化系统中，所有加密数字资产都是由核心服务器掌控的，加密数字资产的生成、转移、交易都要通过核心服务器来进行，因此服务器崩溃、遭受攻击导致资产损失的风险就会加大；最后，中心化系统由于运算能力所限，当网络过于庞大时，就很难正确处理每一笔交易，并保证其安全性、稳定性和真实性。

加密数字资产的生态系统是去中心化的。所有的参与者都遵照同样的互联网协议，相互之间是完全平等的。无论是加密数字资产的发明者还是大型运营机构，都无权也无能力操控既定的协议，无法改变加密数字资产的生态系统。

加密数字资产的网络，实际上就是一个去中心化的全球“账簿”，所有的交易都通过这一全球“账簿”进行记录并保存。所有用户的终端共同构成了一个大型服务器，这不仅提高了服务器运作的效率和稳定性，也将风险进行了分割。中心化的“记账”方式中，“账簿”由一个人或一个机构把控，那么就难以预防因一己之私而随意篡改“账簿”的行为。而在去中心化的“记账”方式中，每一个参与者都拥有一本“账簿”，而且这些“账簿”都实时同步显示资产变动和转移。因此私自篡改“账簿”的行为毫无意义，因为通过所有“账簿”持有者的交叉验证，很快就会发现违反协议的篡改行为并将其否决。

在P2P虚拟货币市场中，如何确保用户不进行双重消费，一直以来都是让相关专家头疼的问题。双重消费的问题不得到根除，整个P2P虚拟货币系统就极其容易遭受攻击，并造成价值崩塌。

而加密数字资产的算法协议设定，则巧妙地解决了这一问题。加密数字资产的全局账单上只记录交易的转账信息，而不记录每个账户的余额是多少。当一位用户A将一定数量的加密数字资产交易给另一位用户B时，A会通过P2P网络向整个加密数字资产网络广播这一交易，其他用户的客户端则会参与验证交易的合法性，如果确定该交易合法则将会在加密数字资产全局账单中记录这一交易，而用户A交易给用户B的加密数字资产，也会记录上A的数字签名。通过这一算法协定，无论发生过多少次交易，每一笔新增交易都能回溯到所涉及加密数字资产的产生，也就能通过交叉验证确保交易的真实性。

在加密数字资产的生态系统下，全球的加密数字资产用户都能实现点对点的快速转移。在传统的中心化系统中，每一笔交易都要按照“A→核心服务器→B”的流程来进行。而加密数字资产的去中心化系统，则能实现每一笔交易直接从A对接到B，仅用一个步骤完成交易。原本用以验证交易的核心服务器的功能，则被所有终端服务器共同替代，并在瞬间完成验证。

这一交易系统，也让加密数字资产的交易实现了透明性和匿名性。发生在加密数字资产网络中的所有交易，都要先向全网广播，不可能存在私密交易、违法交易。而通过交叉验证，能够确保每一笔交易的真实性，因此不必再去验证资产持有者和交易双方资产变动前后的数据，每一个人的资产账户都能够实现匿名。

加密数字资产的生态系统是与生俱来的，加密数字资产本身就是依照这一系统生成的，资产和系统是永远共存的。因此，不必担忧随着加密数字资产的发展，其相关协议会发生变动、调整，从而威胁到整个网络的稳定性和可靠性。在加密数字资产自有的生态系统下，每一个用户将永远都是相互平等的，每一个人的资产永远都不会受到网络协议的侵占。

公平化资产分配

传统投资方式的公平性，仅仅是流于表面的理想形态。特别是关于虚拟资产的投资，由于影响因素众多、影响机制复杂，很难保证客观的公平性。

从理论上来说，对于同一种投资，在收益率相同的区间内，无论投资的资金多寡，最终获取的收益比例应当是一样的。但真实情况却是，大投资者、机构投资者往往能更好地获利，而普通的散户投资者往往只能随波逐流。当然，这与大投资者和机构投资者具备更强的投资能力有一定关系，但不公平的资产分配方式也有着重大影响力。

传统资产分配方式的不公平，在以下三点中有着深刻的体现。

传统资产分配方式的不公平

1. 资本规模影响资产分配

由于虚拟资产的市场价值受到人们心理因素的显著影响，因此不同规模的资本投入对金融市场的影响力有着明显差别。

在证券市场中，我们经常看到这种情况：当大投资者或机构投资者向某股票注入大规模资本时，往往能够带动股价上扬。相反，当其大规模撤资时，股价往往会下挫。因为大规模资本的注入或出逃，会对整个市场中投资者的信心造成影响，从而引发连锁效应，最终因大规模的购进或抛售对股价产生重大影响。而散户的小规模资本投入，显然无法引发这一效应。

在资本规模影响力的效应下，大投资者和机构投资者相当于拥有了一部分金融市场掌控力。虽然这种影响力并非是绝对化的，但在这一影响机制下，大投资者和机构投资者掌握阶段内最佳投资节点的可能性更高，因为他们的行为本身就是一个重要节点。而大部分散户投资者，一旦“跟风”的脚步有些微偏差，收益率就会降低，亏损的风险就会更大。

2. 信息不对称影响资产分配

金融市场中的信息不对称现象普遍存在，比如我们常说的内幕消息，会对投资决策和投资收益产生重大影响。尽管金融监管机构对利用内幕消息投资的行为严厉制裁，但也无法完全杜绝。不过，内幕消息的存在，并不是信息不对称现象影响最广泛的表现。

在金融市场中，有许多信息不对称现象是“合法合规”的。比如在股票市场中，持有一家上市公司股票数量排名前十的大股东，有权从该上市公司得到最优先、最详尽的信息披露。而对于一些规定中的非重要信息，上市公司仅有义务向大股东披露，而无义务向所有股东披露。尽管这类信息被定义为“非重要”，但也往往隐含着有重要影响因素的内容，不过普通投资者却有可能无法获悉这些信息。

3. 金融规则和政策影响资产分配

金融规则和政策的制订和调整，也往往是优先为大企业、大机构服务的。当某些大企业、大机构在金融市场中遭遇严重亏损时，政府可能会因此出手救市，中央银行可能会因此调整市场利率、存款准备金率等。但普通的散户投资者绝不可能获得此种待遇，这是显而易见的道理。

此外，金融规则和政策也影响着不同投资者的投资成本。大投资者、机构投资者往往拥有更多的避税手段，因此其投资成本率较低，获取的投资收益率就会相应提高。而普通投资者无法享有这些“优待”，即便是同样的投资，最终的收益率也可能完全不同。

当然，以上这些不公平资产分配现象的存在，并非是来源于权力者的阴谋操控，而是现行金融系统下的必然产物。如果没有这些体制的存在，整个金融市场都不可能获得快速发展，即便是强行实现公平的资产分配也毫无意义。

因此，想要真正实现有益的公平化资产分配，必须借助新的金融创新。加密数字资产的出现和不断进化，正在使公平化的资产分配变为现实。

资产分配的过程主要源于两个方面：一是资产的获取；二是资产的交易。而加密数字资产在这两个方面，都已逐步实现了公平化。

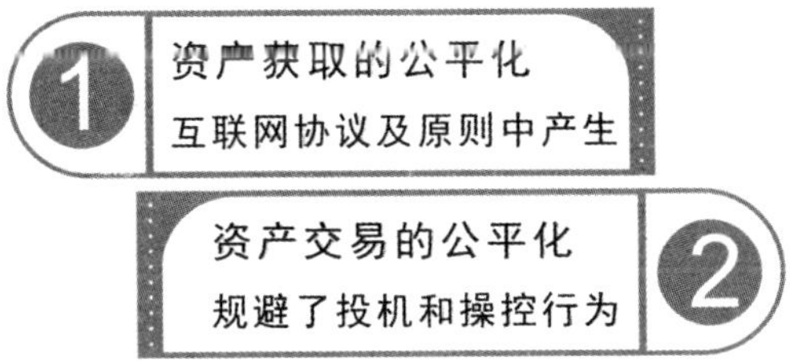

加密数字资产分配公平化

1. 资产获取的公平化

绝大部分加密数字资产的获取，都可以通过“挖矿”的形式来实现。加密数字资产的本质，是在一定互联网协议及规则下产生的一串代码，借助计算机按照一定的运算规则进行持续计算，即有可能获取新的代码，这一过程就被称为“挖矿”。

而在加密数字资产的“挖矿”机制下，获取加密数字资产的数量只和投入的算力有关，完全是“一分耕耘，一分收获”。你投入多少就能产出多少，不存在其他影响因素。

而随着加密数字资产积分属性的挖掘，在相应的商家进行消费也能获取加密数字资产。虽然不同商家可能会设定不同的积分发放规则或比例，但在同一时段从同一商家所获取的积分是和你的消费额成正比的，加密数字资产的获取率完全一致。

2. 资产交易的公平化

加密数字资产的交易，既是一种资产获取方式，也是一种资产变现方式。在传统的虚拟资产交易中，通过各种手段操控单位资产市场价值的现象屡有发生，这使得资产的市场价值波动剧烈，进而带来一系列不公平的交易现象。

加密数字资产在交易中也有投机行为发生，比如在比特币发展最为迅速的几年，其市场价值的急速攀升几乎要失去控制，如今随着投资理性的回归和交易市场的成熟，比特币的市场价值也趋于平稳。

而积分属性下的加密数字资产，其交易的公平性则得到了进一步提升，因为其市场价值增长更加客观、稳定。积分属性下的加密数字资产，其升值的主要推动力是商家与消费者之间的积分回购，唯有完成一个价值循环，积分才能增值。因为在很大程度上规避了投机和操控行为，所以整个资产交易体系的公平化也得以确立。

此外，加密数字资产的交叉验证也可以确保交易的公平性。从理论上来说，关于加密数字资产的每一笔交易，都能够通过一条条记录寻根溯源，确保每笔交易是真实的而非虚构的。

加密数字资产的一系列运作机制，都是公平化资产分配的有力保障。而随着加密数字资产领域的创新深化，逐渐发展成熟的运作机制将会不断提升加密数字资产分配的公平性。

51% 规则

任何一种加密数字资产，都遵循着一套确定的、透明的协议和规则，个人无法随意地修改和操控。因为在全网交叉验证的系统下，个人随意制定的规则无法得到足够用户的认可，这一新规则就无法被“采纳”。

加密数字资产的规则系统就像一场“立法大会”，如果支持的人没有占据多数，新“法案”就不会通过。**加密数字资产的规则，必须有资产权重达51%以上的用户应用才能生效，这就是加密数字资产的51%规则。**

51%规则的存在，使加密数字资产的规则实现了稳定。如果网络规则可以被个人随意地修改和操控，那么这个网络中就不可能存在信任，整个网络也不可能得到认可和应用，加密数字的真实价值也将被影响并最终形成价值泡沫。

但是，51%规则的存在很快催生了另一个疑问：如果一个人拥有了全网51%以上的算力，那么他是否能随意操控交易规则来为自己牟利呢？答案是肯定的，这也正是被视为所有P2P虚拟货币生死大敌的

51%攻击。

所谓51%攻击，是指当一个人所掌握的挖矿算力超过全网算力的51%时，就可以随意决定P2P虚拟货币网络区块的内容，做到撤销记录或制造虚拟交易等破坏原有网络协议的事情。这也就意味着，全网的虚拟资产都将被51%算力的掌握者拥有或操控。

那么，51%攻击是如何发生的呢？

首先，需要两个必备条件：一是掌握某种加密数字资产全网的51%算力；二是手中持有大量该类加密数字资产。然后，将手中的加密数字资产交易给个人或机构进行变现，并在交易被确认之前开始重新生成区块。由于攻击者掌握了51%的算力，假设他能在整个攻击过程中始终保持51%的算力，其生成的新块链（攻击块链）一定能追上原块链。最终，当新块链的长度超过原块链两个区块时，所有的用户都会丢弃原块链，认可新块链。至此，整个51%攻击的过程就完成了。

在51%攻击之下，在攻击块链生成后通过交易转出虚拟货币的用户会发现，本应转出的虚拟货币又回到账户中了。而在攻击块链生成后通过交易转入虚拟货币的用户则会发现，本应转入的虚拟货币凭空消失了。

当掌握了全网51%的算力，攻击者实际上就拥有了某一区块的绝对权力。因此，攻击者能够篡改自己的交易记录，从而进行重复交易，也可以阻止区块确认部分或全部交易。但是，攻击者无法凭空生产虚拟货币，无法将不属于自己的虚拟货币转移给其他人，也无法介入他人的交易申请和交易记录。

尽管51%攻击无法改变加密数字资产的许多基本规则，但已足够使加密数字资产网络陷入崩溃了。随着虚假交易的增多，人们会注意到网络中存在的问题和风险，对整个加密数字资产网络的信任也会降至冰点。一个没有参与、没有用户的加密数字资产网络，终将会消亡。

51%攻击一旦发生，会对加密数字资产造成严重的打击，不过也不需要为此过于恐慌。实际上，真正大规模、毁灭性的51%攻击至今仍未发生过。

加密数字资产是不断生成并无限趋于恒定的总体数量的，在这个过程中，整个网络的算力也会不断攀升，掌握全网51%算力的难度也就越来越高。也就是说，加密数字资产的存续时间越长，其遭受51%攻击的可能性就越低，安全性就越高。就拿2009年诞生的比特币来说，到2013年为止其全网算力就已经突破了1P（1P=1024T），只有几大矿池联合起来，才有可能掌握51%算力，个人或个体机构发动51%攻击的可能性微乎其微。

相反，新推出的加密数字资产遭受51%攻击的可能性就很高。因为在刚推出时，加密数字的全网算力很低，所以掌握51%算力的难度也大幅降低。这也就是一些“山寨币”不可靠的原因，因为自身安全机制不足，再加上容易遭受51%攻击，自然无法获得好的发展。

新推出的加密数字资产容易遭受51%攻击，那么是不是新的加密数字资产就不安全呢？加密数字资产是不是因此失去了发展前景呢？答案是否定的。

新技术的研发，新机制的设立，都能让加密数字资产一步步地远离51%攻击，整个领域的创新之路不会停止，加密数字资产的安全体系也将不断得到完善。当加密数字资产的体系足够完备时，51%攻击终会成为海市蜃楼，能够感知得到却永远不会成为现实。

为防范51%攻击，一些加密数字资产已经做出了诸多尝试。比如，在加密数字资产设计完成之时，主动销毁一半密钥，使其中一半加密数字资产永远无法生成。假设某种加密数字资产的总数为1万块，那么在设计完成时便将其中5千块的密钥销毁，这样在原本的协议下，永远不可能有人或机构达到50%以上的资产权重，针对这种加密数字资产的51%攻击也就不复存在了。由于加密数字资产是虚拟资产，总量的减少不会对其价值存储总量和应用上的分割带来不利影响，改变的仅仅是相同价值总量下的单位资产的价值。

除了安全规则的不断完善，51%攻击悖论的存在，也让51%攻击的可能性大幅降低。

发动51%攻击，不外乎两个目的：一是篡改规则为自己牟利；二是纯粹地破坏加密数字资产网络。当然，第二种“损人不利己”的破坏行为真实存在的可能性很小，因此不予讨论，以下仅考虑为自己牟利的51%攻击。

发动51%攻击是需要庞大成本的，特别是相应加密数字资产的全网算力很大时，不仅掌握51%算力的难度高，发动攻击的成本也很高。据比特币业内人士估算，假设成功发动一次51%攻击，在理想状况下能够获得的纯收益是总成本的20%左右，这绝非是一个让人垂涎的收益率。而在发动了51%攻击之后，轻则会使该加密数字资产的单位价值缩水，导致攻击者手中所持有的加密数字资产总价值缩水；重则会使该加密数字资产的价值体系崩溃，导致该加密数字资产一文不值。

以上就是51%攻击悖论，为牟利而发起的攻击反而导致自己的资产价值缩水甚至归零，最终仅能获得蝇头小利，这与牟利的初衷背道而驰。

综上所述，由于51%攻击难度的递增性和51%攻击悖论的存在，51%攻击不会成为限制加密数字资产发展的根本因素。而随着加密数字资产创新技术和机制的不断出现和完善，51%规则最终会恒定为加密数字资产内在的一种稳定系统，而不再是51%规则和51%攻击并存的双刃剑。

Chapter 7

积分商业模式的理论基础

加密数字资产积分属性的挖掘，为积分商业模式提供了技术基础，使这一全新的商业模式能够真正得以实现。可实际上，对于积分商业模式的理论研究早已存在，许多经济学专家们都曾在不同程度上预言或论证了积分商业模式的可能性。可以说，正是因为有了这些理论基础，积分商业模式的相关技术和系统才得以更快地创建起来。

资本论

《资本论》是伟大的无产阶级战士马克思最主要的一部著作。马克思在书中以唯物史观的基本思想作为指导，通过深刻分析资本主义生产方式，揭示了资本主义社会发展的规律，并使唯物史观得到科学验证和进一步的丰富发展。这部跨越了经济、政治、哲学等多个领域的著作，不仅是全世界无产阶级运动的思想指导，也是世界经济学领域中的瑰宝。

《资本论》研究的内容包含许多经济学要素，那么它到底对积分商业模式的出现产生了哪些层面的启发呢？这主要涉及两方面内容：一是生产力和生产关系；二是剩余价值和再生产。

● 生产力和生产关系

在《资本论》中，马克思将社会关系归结为生产关系，而将生产关系的具体形态归结于生产力的高度。简单概括便是：**生产力决定生产关系，而生产关系对生产力有能动作用。**

人类历史经历了原始社会、奴隶社会、封建社会、资本主义社会、社会主义社会的变迁，而每一次重大的社会形态变化，无不和社会生产力的提升有着直接关系。生产力的提升要求有全新的生产关系与之相适应，而全新的生产关系也有助于生产力的进一步提升和发展。

关于生产力和生产关系的研究，揭示了人类社会发展进化的一个基本规律，也指明了人类社会的最终形态。当一个生产力极大提升，社会财富极大丰富的时代来临时，剥削关系将彻底消亡，一个按需分配的理想社会形态也将成型。这也是马克思所预言的人类社会终极形态——共产主义社会。

既然社会的发展不以人的意志为转移，是不是就表示我们只能默默地等待社会进化呢？并非如此。新技术、新事物的研发能够改变传统的行业生产与经营模式，而这也将极大地推动生产力发展。比如资本主义制度的确立，就和工业革命有着密不可分的关系。

而如今，加密数字资产的出现，相当于在互联网领域和世界经济领域投下了一枚“重磅炸弹”。而建立在加密数字资产之上的积分商业模式，则能够显著改变传统的商业经营形态，甚至影响到社会财富分配的基本系统。

商业社会是人类社会的构成部分之一，商业社会的财富积累相当于生产力，而商业模式的运作系统，即商家与消费者的关系则相当于生产关系。积分商业模式并非是凭空出现的，它是由加密数字资产的发展带来的，而加密数字资产的出现，也是建立在商业财富积累与互联网资本形态成熟的基础之上的。同样，积分商业模式的出现，也将加速商业社会的财富积累，将免费化的消费形态推向商业社会的每一个角落。

● 剩余价值和再生产

剩余价值和再生产，是《资本论》研究的重要内容之一。剩余价值是资本家剥削工人，获取财富的重要工具。而再生产，则是企业财富积累乃至社会财富积累的重要实现形式。

在过去，许多经济学家将剩余价值等同于企业利润，这是完全谬误的观点。实际上，企业的利润来源是工人的必要劳动时间，而剩余价值的来源则是工人的剩余劳动时间。在资本主义社会早期，资本家榨取剩余价值的主要方式是延长劳动时间和加大劳动强度。剩余价值完全是资本家在获取了企业应得利润之外，额外榨取的财富。

再生产，是企业在补偿了生产成本之余，将剩余利润用于维持或扩大生产规模，可以分为简单再生产和扩大再生产。简单再生产即不改变原有的生产规模，以既定规模投入新一轮生产；而扩大再生产则是在原有生产规模的基础上，扩大生产规模后投入新一轮生产。扩大再生产是企业财富快速积累的重要形式，而全社会的扩大再生产则有助于社会总体财富的快速积累。

从表面来看，剩余价值似乎有助于企业扩大再生产的规模，进而有助于财富积累，但事实并非如此。剩余价值是建立在不公平的财富分配基础上的，仅靠生产规模的提升并不能实现生产价值。在剩余价值基础上的扩大再生产，使得富人更富，穷人更穷。即便生产规模极大提升，但广大无产阶级却无力消费，生产出的产品无法顺利转化为财富，生产本身也就失去了价值和意义。

剩余价值与再生产的关系，使商业社会的经营形态受到了深刻启发。在积分商业模式中，商家不是一味地追求利润最大化，追求经营规模的快速扩张。相反，商家出让一部分利润，以加密数字资产积分的形式返还给消费者，从而拉动消费者的消费欲望和能力。这能使商家的产品、业务的价值得到最大化实现，促进财富快速、稳定、合理地积累。

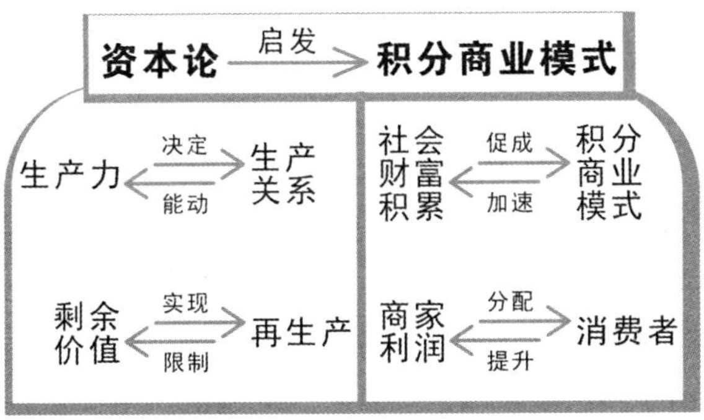

《资本论》为积分商业模式提供了启发与指导，而积分商业模式则是《资本论》在商业社会领域的一次成功实践。这也从另一个层面印证了，创造性的免费商业模式将加速财富积累，而财富的不断积累也将更快更好地将整个世界带入免费时代。

消费资本论

消费资本论的理念，是陈瑜教授在《消费者也能成为资本家》一书中最先提出的。该理念认为：**企业应当将消费者购买企业商品的行为，视作消费者对企业的一种投资行为，并按一定的周期、按一定的比例将企业利润返还给消费者。**

消费资本论的运作模式和上市公司分红有一定相似之处。为了回馈广大股东的支持，上市公司往往会拿出一部分利润，作为红利按比例分配给股东。不过，与上市公司分红相比，消费资本论的范围更广，涉及了所有上市与非上市公司，利润的回馈对象则是企业的所有消费者。在消费资本论看来，应该得到企业回馈的，不只是传统意义的股东，所有进行了消费行为的消费者，都应当被视为企业的"投资人"而得到回馈。

从古至今的商业社会中，消费者都处于整个系统的末端，完全处于被动状态，并不具备很广泛的选择权和决策权。这种现象，与生产力有限，社会商品不够丰富有着直接关系。在过去的商业社会中，生产决定消费，商家生产什么，消费者只得"被逼无奈"地消费什么。

因为不具备有力的选择权和决策权，消费者的地位受到限制，无法得到足够的重视。

而随着社会商品的不断丰富，这种状况发生了根本性的转变，消费决定生产逐渐成为当今商业社会的主流。消费越来越被关注和重视，甚至成为了世界经济和政治的重要影响力量之一。一个国家的经济要发展，必须保证有足够的消费能力；而一个国家消费能力的高低，也是国力强弱的重要表现。

消费资本论不仅让消费者的利益得到保障，让消费者能以更低的成本消费，而且对于企业也有重要意义。通过对消费资本论的应用，企业能够更好地吸引消费者消费，从而扩大企业的市场影响力。此外，变为“投资者”的消费者在获得“消费收益”的同时，也获得了地位上的提升，他们会因此提出自己的真实建议和意见，这些信息对企业未来发展至关重要。

消费资本论有助于商家与消费者之间构建一种更直接、更紧密的联系，因而具备改变商业经营模式的力量。

在传统的经营模式中，商家为了扩大销售量和销售范围，必须要借助销售人员的推销或是多级销售渠道的分销。而销售人员的数量越多、销售渠道层级越多，商家的经营成本也就越高，产品的市场价格也会提升，这对商家和消费者利益实质上都是一种损害。

而在消费资本论下，商家可以采用一种全新的经营模式，让消费者在消费的同时成为自己的推销者。商家可以向消费者约定，只要进行消费，就可以获得一部分利润返还。而当他们带领其他消费者进行消费时，还可以获得额外的利润返还。通过这种出让利润的方式，商家能够达成经营的病毒式扩张。同传统经营模式相比，这种出让利润的经营模式未必会加大商家的经营负担。首先，这种模式极大地刺激了消费，商家可以借助于销量的提升弥补单位利润的减少；其次，这种模式砍掉了销售人员和分销渠道的成本，商家也能借此获得利润补偿；最后，这种模式加强了消费者的忠诚度，带来了长期的重复消费，这能显著提高商家的市场竞争力。

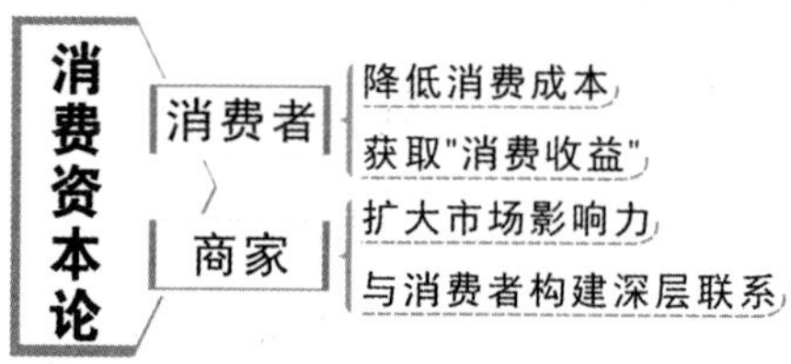

消费资本论确实具备革命性的商业价值，然而在2005年被提出后的很长一段时间内，消费资本论都没能得到很好的实践，主要问题在于利润返还的比例和时机。在返还比例上，如果商家的利润返还比例低，那么对消费者的吸引力就不足；如果商家的利润返还比例高，则不利于商家长期发展。在返还时机上，如果与消费同步返还，不利于商家的资金运作；如果延迟返还，在消费者的界定和统计上会存在重大问题。

而加密数字资产积分属性的挖掘，则为消费资本论的实践提供了一种有力工具。由于加密数字资产积分的可增值性，商家能以较小的成本为消费者提供极具吸引力的利润返还载体，以积分的形式返还利润也不会给商家的资金运作带来麻烦。可以说，消费资本论为积分商业模式提供了理论雏形，而积分商业模式则是对消费资本论的一次成功实践。

消费资本论是符合商业逻辑的，而积分商业模式的出现更是印证了消费资本论的可行性。在消费资本论的指导下，未来的积分商业模式将会不断普及和完善，或是出现其他引领新型消费形态的商业模式，构建起一个商家与消费者相互信任、互惠互利的共赢商业社会。

长尾理论

传统的商业社会主流思维是遵循帕累托法则的，即我们所熟知的“二八定律”。意大利经济学家在1897年归纳的“20%的人口享有80%的财富”这一统计结论，在此后的一百余年时间内，成为了社会领域和商业领域中的一条真理。

“二八定律”并非是一个确切的比例数字，而是表现了一种普遍存在的、不平衡的资产分配状况，即少数的人（或事物）能够造成主要的、重大的影响。在“二八定律”的思想引导下，企业在传统的生产策略、服务策略、营销策略中，将精力更多地放在了创造巨大收益的少数产品和客户群中（即20%部分），而对于剩下的创造收益较小的多数产品和客户群（即80%部分），则予以忽略或投入较少成本。

“二八定律”有其合理之处，在商业社会中也发挥了重大作用。有无数企业通过运用“二八定律”找到了属于企业自身的正确发展战略，增强了盈利的稳定性。但随着互联网对商业环境的改变，“二八定律”的弊端也愈发凸显。

首先，“二八定律”促使同质化竞争加剧。由于所有企业都瞄准最为有利可图的领域，这就会导致企业间的产品战略和营销战略都大同小异，行业创新也会遭到压抑。其次，“二八定律”加剧了资产分配不平衡的状况，致使“富人更富，穷人更穷”。比较典型的是在金融领域，由于金融机构将主要精力放在大客户身上，大客户能够得到更好的产品推荐、信息推送等服务，这有利于他们获取更大的投资获益。

在这些弊端下，许多人开始重新思考“二八定律”：单位收益较少的80%部分，是否真的应该被轻视或忽视？与“二八定律”针锋相对的长尾理论，随之提出。

● 长尾理论

美国的克里斯·安德森提出：在互联网时代下，由于成本和效率的因素，当一种商品储存流通展示的渠道足够宽广，成本下降至个人都可以进行生产和销售时，几乎任何看似需求很低的商品，只要卖就会有人买，这些低需求商品所占据的总体市场份额，甚至可以同主流商品相当，甚至更大。

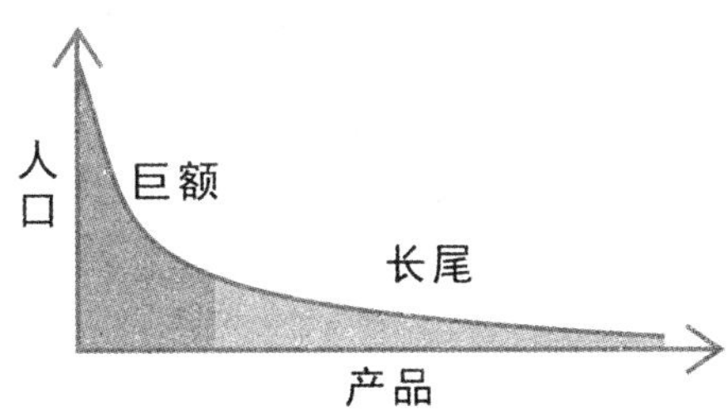

长 尾 理 论

长尾理论中的“长尾”，实际上就是“二八定律”中被忽略的80%的部分。“二八定律”采取的是适应主流需求的模式，而长尾理论采取的则是刺激非主流需求的模式。长尾理论并非只是关注非主流产品和非主流市场，因为即便这80%的产品全部实现销售，也仅能获得相当于主流产品20%的利润，这无疑是划不来的。因此，长尾理论的核心是通过提高“冷门产品”的销量，刺激人们对“冷门产品”的需求，从而提高这类产品的利润上限。

许多“冷门产品”，并非是真的没有需求，而是人们对其缺乏关注，没有形成潮流。这类产品一旦能达成一定规模的市场销量，就会显著提升人们的需求欲望，这类产品的利润潜力也会随之增加。

此外，过去企业的关注成本太高，因此企业“无暇”顾及小客户，而是将主要精力放在少数“VIP”客户身上。但在互联网时代下，企业的关注成本大幅降低，企业有能力实现大客户和小客户两者兼顾。

知名电商企业亚马逊的崛起，就是充分利用了长尾理论。

亚马逊在创立之初时，主流的业务就是图书网络销售。在传统的图书行业中，存在大量的“小众产品”，许多图书都很难找到自己的目标读者，只有极少数图书能最终成为畅销书。由于小众图书的销量低，但印刷、库存的成本又很高，所以传统图书行业的经营模式往往是以畅销书为中心。而亚马逊瞄准的，则正是这些被忽略的“长尾图书”。

在网络零售模式下，图书的信息能够得到大范围、低成本的传播，这使得长尾图书能够更快更好地找到目标读者。此外，亚马逊采取的是和实体书商合作的形式，并不真正持有这些图书，这使得长尾图书的库存和销售成本几乎为零，长尾图书的利润价值也得以实现。

正如亚马逊副经理史蒂夫·凯塞尔所言：“如果我有10万种书，哪怕一次只卖掉一本，那么10年之后它们的总销量也会超过最新出版的《哈利·波特》。”这句话形象地阐述了长尾理论的内在能量。

长尾理论的提出，不仅为互联网时代下的企业提供了一种全新的商业模式思维，更重要的是，它有望优化整个商业社会的生态环境。

随着长尾市场的受关注度提升，许多小众向产品得以翻身，许多小众向企业也能迎来新的发展机遇，这能激发起全行业的创新热潮，使商业竞争从同质化向差异化转变。而更多小众向产品的制造与推广，也能更好地满足当今消费者日益增长的个性化需求。在一个成熟的长尾市场中，企业和消费者都不再需要无奈地追逐主流，而是能更多地按照自己的意愿去经营、去消费，而无论个体消费者创造的收益是高还是低，也都能得到商家一视同仁的对待，不断实现商业社会的公平化。

长尾理论的应用价值，一方面来源于长尾市场所蕴含的巨大需求潜力，另一方面则来源于“以销售促需求，再以需求拉动销售”这一运作模式的可行性。而这种运作模式的推行，也为积分商业模式的创建提供了极具参考价值的实践信息。

零边际成本社会

在探讨零边际成本社会之前，我们必须了解什么是边际成本。**边际成本是一个经济学和金融学概念，指的是每一单位的新增产品所带来的总成本的增量。**

凭经验我们可以得知，随着生产规模的扩大，新增产品的生产成本是在不断减小的。比如，如果企业只生产一辆汽车，那么成本无疑是巨大的；而如果企业生产一百辆汽车，那么单位汽车的成本就会减少。因为在实际生产中，成本构成是极其复杂的，包括采购费用、机器运转费用、人工费用、运输费用等等。只有当生产规模达到一定总量时，这些必要成本才能得到最大化的利用或缩减。

从边际成本中我们可以得知，如果企业仅仅生产少量产品，那么很难实现盈利，只有当生产量和销量突破盈利边际点时，企业才能实现盈利。也就是说，当企业的生产量和销量不够高时，商品的利润率根本无法实现。即便每件商品看似是有利可图的，但企业总体却是处于亏损状态的。

尽管如今绝大多数企业都懂得利用边际成本的相关理论创造最大

利润，但行业中的不同企业之间，社会中的不同行业之间，仍是各自为战，缺乏必要的联系，整个社会并未实现生产效率的最大化和生产成本的最优化。

鉴于此，美国的杰里米·里夫金提出了以极致生产力、协同共享、产消者、生物圈生活方式等全新概念打造一个零边际成本社会的构想。

技术的进步、工具的拓展、生产模式的转变等，都为零边际成本社会的构建提供了可能性。在过去，营销成本是一项花费巨大的企业必要成本，而如今借助互联网，企业完全有能力将营销成本无限趋于零。在传统工厂生产中，品类少、规模大，才能实现低成本生产，而3D打印技术的出现与成熟，使得小批量、多品种的生产未必需要花费大量成本。当然，除此以外，构建零边际成本社会的关键还在于，整体商业思维的转变。

杰里米·里夫金认为：**在数字化经济中，社会资本和金融资本具备同等重要性，使用权将胜过所有权，可持续性将取代消费主义，合作将远优于竞争，共享价值将替代交换价值。**而这些内容，在积分商业模式中都有着深刻的体现。

数字化经济规则

社会资本	=	金融资本
使用权	>	所有权
可持续性	>	消费主义
合作	>	竞争
共享价值	>	交换价值

1. 社会资本 = 金融资本

金融资本即企业用于经营发展而使用的资金、资源等，这是企业的重要推动力，在传统理念中，金融资本是企业经营发展最为关键的因素。社会资本则是一个全新概念，是将社会网络、互惠性规范和相互信任作为企业不可或缺的一种资源。

在当前经济体系中，社会资本的重要性与日俱增。在未来，社会资本有望与金融资本平起平坐，成为同等重要的发展因素。

积分商业模式中，便是充分重视和利用起社会资本，通过网络影响力，通过构建商家与消费者之间的全新关系，带动企业的经营发展。

2. 使用权 > 所有权

在传统经济体系下，所有权是收益的关键，快速积累财富与资本的方式是增加所有权而非使用权。

而在积分商业模式中，使用权比所有权更重要。无论是商家还是消费者，如果仅仅是持有加密数字资产，是无法带来增值的。只有通过不断地消费，产生回购和再获取，才能不断推动加密数字资产升值，从而使双方都从中获益。

3. 可持续性 > 消费主义

在传统的商业模式中，无论是商家的营销还是消费者的购买，都是一次性的，缺乏关联性和循环性。

而在积分商业模式中，商家的营销和消费者的购买都是可持续的，加密数字资产的总量不变但却能实现增值，确保具备长久的发展动力。

4. 合作 > 竞争

在传统商业模式中，商家与商家是相互竞争的关系，特别是同行之间，竞争尤为激烈。从产品到营销，任何一个环节都可能成为竞争焦点。

而在积分商业模式中，商家采用积分这一营销方式非但不会带来竞争，还会带来合作。但积分总体能够更快流通、更快增值时，所有的参与商家都能够从中获益。

5. 共享价值 > 交换价值

许多传统资本的价值，是由交换产生的。有了交换便有了供求，而供求关系的变化，又影响着交换价值的变动。

积分商业模式中的加密数字资产，其价值实现要靠共享而非交换。唯有商家与消费者共享加密数字资产，产生循环交流，才能推动价值增长。而这种共享价值，比交换价值更稳定、更客观。

零边际成本社会的理念，将孕育出一种全新的经济模式，将会对整个社会的经济发展带来颠覆性革命。而积分商业模式作为这一理念的一次成功尝试，正在使我们迈入一个超脱于当前市场规律的全新经济领域。

区块链经济学

区块链是构成加密数字资产的基础性技术之一，其真正被广泛关注还要以比特币的出现作为起点。

2009年，过度金融创新带来的严重恶果还未完全消散，一种更深层次的金融创新——比特币，在此时走向世界。人们对比特币的第一印象，就是一种源于互联网的虚拟货币，似乎和一些互联网公司发行的网络代币很相似。但这一新出现的虚拟货币的野心却不小，号称要改变当前的货币体系，成为一种在世界上流通的货币。这在当时看来简直是天方夜谭。

互联网具备极其强大的价值潜力，但是天然的复制性使互联网资产难以成为价值载体。而在网络世界中，也没有同现实一样的国家机构以信用来保证其价值。虚拟货币实现货币职能似乎是完全不可能的事情。

但建立在区块链技术上的比特币却并非是普通的虚拟货币，而是一种基于密码学设计的加密数字资产。通过区块链技术，比特币呈现了去中心化的网络形态，实现了总量限定、交叉验证等一系列特性。而这些特性，使得比特币能够像黄金等贵金属一样，用于价值的储存。

以区块链技术作为支撑的比特币，运行的是一种对等式系统。从本质上来说，区块链在比特币中相当于一个巨大的总账系统，其所指代的比特币非但没有实物，甚至也没有数字文件，而是完全依赖于区块链总账。个人所持有的比特币，也仅仅是拥有区块链上的数字信息的所有权。

不过，随着比特币被越来越多的人所认可和接受，许多投机者也随之涌现。比特币在出现后的四年内达到了几十万倍的涨幅，又于2013年末迅速回落。比特币急剧的市场价值变动，也使其作为一种货币的应用难以有效实现。而随后，包括美国、中国在内的许多国家，在法律层面正式将比特币定义为资产，而非货币。

比特币在货币应用上的失败，并不代表区块链技术的失败，区块链的应用价值仅仅展露出冰山一角。区块链有可能和互联网一样，成为一个极具价值潜力和创新潜力的发展平台。

学者梅兰妮·斯万指出，新的计算范式通常会以十年为周期出现。在20世纪80年代是个人电脑，20世纪90年代是互联网，自21世纪初是移动设备和社交网络，而在未来，这一范式可能就是区块链。区块链技术被梅兰妮·斯万描述为“可识别的大规模贯彻去中心化的模型”。她认为，区块链这一去中心化模型，能够重组现有的一系列经济活动，提供一种全新的人和技术之间的互动形态。随着区块链技术应用的普及和发展，在未来社会中，区块链可能会和互联网一样，成为一项基础性的应用元素。

计算范式发展周期

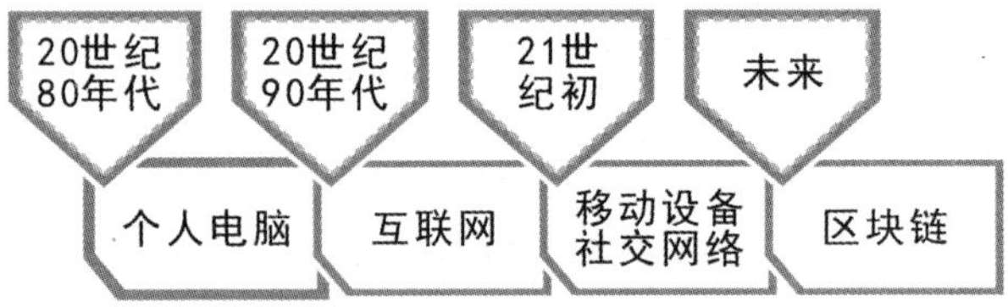

在我们正在前往的未来世界中，包括可穿戴设备、物联网设备、智能家居、智能城市这所有的一切在内，都需要由区块链技术来更好地支持。

区块链技术，在未来可能会覆盖新型支付领域，去中心化交易所，数字资产的调用和转移，智能合约的发布和执行，等等。而随着交互式验证带来的新型网络信任模型的成熟，甚至会出现个人银行，出现大规模的不以银行为中介的金融交流。这一系列网络经济层，都将是前所未有的。

区块链的经济价值，不仅局限于技术本身，其带来的一系列应用价值不可估量。积分商业模式的重要实现工具，加密数字资产的积分属性，就是区块链经济学的组成部分和应用实践之一。区块链凭借其网络信任模型，将引领加密数字资产领域不断完善、不断深入应用，并最终构建起一个无缝连接的网络经济层。

Chapter 8

加密数字资产积分的增值模式

积分商业模式得以确立和运行的基础是加密数字资产积分的不断增值，那么，该增值模式真的是可靠的吗？真的不会像比特币一样涨跌不定吗？这种不断增值的互联网资产其价值到底来源于哪里？加密数字资产积分的增值模式之所以能够突破以往各类数字资产的弊端，完全是建立在其虚拟结合现实的运营模式之上的，因此完全是可行、稳定，且具备真实价值的。

实物资产交易 VS 数字资产交易

资产的存在必然会伴随着资产交易的存在，作为一种重要的财富储存载体，资产交易在企业的商业活动和人们的金钱来往中扮演着相当重要的角色。

在很长一段时间内，资产交易主要是代表实物资产交易。而随着数字资产的种类、系统、价值评估、交易方式的成熟，数字资产交易也开始崭露头角。这两种截然不同的资产交易方式，共同支撑起了当前的资产交易市场。

与实物资产相比，数字资产不具备实体，而是仅仅存在于计算机中或网络中的一串代码、一系列数据块等，因此其在存储、携带、展示、交换等层面具备天然的优势。实物资产与数字资产截然不同的特性，也使两者呈现出了完全不同的交易形态。加密数字资产作为一种潜力巨大的资产形态，其交易模式比起传统的实物资产交易，有了明显的突破，更符合互联网时代下的资产交易需求。

实物资产交易 VS 数字资产交易

实物资产交易		数字资产交易
受限制	时间与空间限制	突破限制
存 在	资产损耗现象	不存在
复 杂	交易流程	便捷、灵活

1. 突破交易的时间与空间限制

实物资产交易受时间和空间的限制较大，因此交易并不方便。许多重要的实物资产形态，如土地、厂房、机械等，由于无法或难以移动，交易双方必须亲自到资产放置现场去观摩、评估、磋商，才能进行进一步交易，这也必然会带来交易时间与交易空间选择上的固定化。从时间上来看，需要寻找双方都觉得合适的时间，而且一般也需要限定在白天的工作时间；从空间上来看，考虑到交易的便利性和后续的资产运用等因素，一些经营规模和范围较小的企业通常会选择固定市场区域的资产进行交易。

而数字资产交易则几乎不受时间和空间的限制。同互联网交易方式一样，交易双方可以在任意时间，在家中或在办公室中即可进行数字资产交易的磋商。交易过程中甚至不需要进行当面的清查，只需要双方对该数字资产具备足够的认知和认可，便不会带来任何交易障碍。而在交易完成后，资产的转移也不需要耗费过多的人力物力，仅仅伴随着数据的传输或是所有权的转移，相比实物资产交易要省时省力得多。

2. 不存在资产损耗现象

实物资产交易中常常伴随着对资产价值评估的难题，因为实物资产在使用过程中，必然会出现不同程度的磨损、折旧等现象，其价值也会随之折损，这也是在交易中必须对实物资产进行现场考察、清算的原因之一。而价值的不确定性必然会导致双方对资产价值的申诉不同，卖方希望抬高报价，买方希望压低报价，这都会为双方最终成交带来阻碍。

而数字资产交易中则完全规避了资产价值评估这一难题。由于数字资产仅仅以数据形式存在，因此无论如何使用，无论经历多少次交易，其价值也不会出现损耗。虽然由于某些数字资产价值不易定位也会导致一些价值争论，但其价值本身是没有任何损耗的。对于一些价值定位清晰的数字资产，价值评估就简单许多。比如比特币的交易，用其当前的单位市场价值乘以交易中的比特币总量，即为此次交易中的资产总价值。

3. 交易流程便捷化、灵活化

实物资产交易有着一套复杂的交易流程和机制。当涉及企业交易时，需要交易双方准备好营业执照复印件、组织机构代码证、资产产权登记证、转让方内部决策文件、实物资产转让批复或决议、公司章程等等。即便只是个人交易，也需要准备资产产权登记证、身份证件等。同时，还需要根据相关法律法规编写一份资产交易合同。如果在交易中涉及土地、机动车等资产，还需要出具一系列土地权证、车辆行驶证等证件。

复杂的交易流程和机制在一定程度上保证了资产交易的安全性，对于企业来说有一定的价值，但如果是小额资产交易，特别是个人之间的小额交易，这种流程就显得过于复杂了。而在数字资产交易中，由于并不存在严格的法律流程与监管，双方可以根据实际需求，用能够接受和认可的便利流程开展交易，提高交易效率。在互联网数字资产不断普及，个人间资产交易不断增加的当前，数字资产交易便捷、灵活的交易流程更加符合大众需求。

作为资产交易市场中的一种新兴模式，数字资产交易更加符合碎片化的交易需求，加速了商家与消费者、商家与商家、消费者与消费者之间的资产交流，活跃了整个商业活动中的资产流动。当然，这种简单快捷的资产交易方式，也需要一套安全可信任的网络交易机制和系统对其予以充分保障。

随着数字资产交易机制和系统的不断成熟，实现高度安全化的数字资产交易将会更深刻地影响商业社会。当数字资产交易方式更加普及时，将使整个加密数字资产领域的实用价值进一步增长，加密数字资产积分的增值模式也会更加稳健化。

加密数字资产积分如何形成免费机制？

免费消费在商业领域中的尝试早已存在。在过去的实体零售业中，为了推广新品或刺激消费，一些商家会为消费者提供免费试用品来做营销。到了互联网时代，由于商业模式的巨大变革，一些免费的互联网产品也随之涌现，比如我们常用的360杀毒、QQ、微信等，其基本功能都是免费的。

但无论是免费试用品还是免费的互联网工具，都是局限在一定的时期或产品中，不可能实现在整个商业社会的普及，因此也不可能真正实现免费时代。而以加密数字资产积分为基础的免费机制，不是一种营销活动，也不是一种商业模式，而是一种全新的社会消费形态。

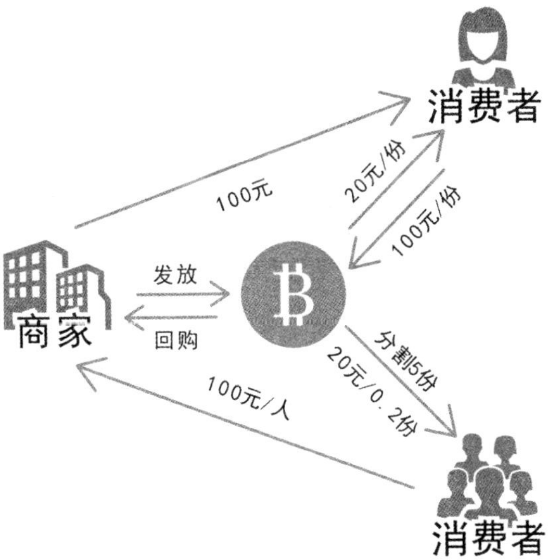

那么，加密数字资产积分到底是如何在商业活动中运作，并最终形成免费机制的呢？我们下面以一个理想化模型进行详细阐述。

为了便于计算和理解，我们假设某种加密数字资产积分在全世界只有一份，其当前价值为20元/份。持有该积分的商家对外宣传，只要在店内消费满100元，即可获得该积分。很快便有消费者来此消费了100元，并取得了该积分的所有权。但很快问题来了，又有5位新客户来店内分别消费了100元，他们也想取得这种积分，而商家此时已经没有这种积分了。于是，商家只得从最初那位消费者手中以100元的价格回购那唯一一份积分，并将其分割为5份分别赠予消费者。每位消费者相当于获得了0.2份积分，但0.2份积分的价值仍为20元。如此，该加密数字资产积分便完成了从20元到100元的增值。而由于积分的增值，最初获得了该积分的消费者的最终收益等同于其在店内的消费，相当于未花一分钱，完成了一笔免费消费。

以上便是关于积分商业模式的一个最简易化的运作模型，虽然在实际的商业活动中，所涉及积分的发放、回购、增值速率会远比模型中复杂，但基本的运作模式和价值形态则是完全相同的。无论积分的总量是多少，当前的单位市场价值是多少，商家按照怎样的比例和规则发放积分，整个加密数字资产积分都是基本按照“发放→回购→分割→再发放”的机制不断进行增值的。随着时间的推移，当整个加密数字资产的增值量足以抵销积分发放时的消费成本时，就相当于实现了整个商业社会的免费化。

不过，有人会对此产生疑问：商家不断地发放积分、回购积分，其利益不会受损吗？这种免费机制真的能长期稳定地维持下去吗？

对于以上问题，我们必须先弄清楚，商家用于发放和回购积分的钱源自于哪里。这些钱并非是商家自掏腰包，而是来源于其经营利润的一部分。还以上文中的免费消费模型为例，当消费100元获得价值20元的积分时，商家从这笔生意中赚取的利润肯定要高于20元。我们假定该商家的利润率为50%，那么就相当于他从该笔生意的50元利润中抽出20元作为“事后优惠”送给了消费者。在回购环节中同样如此，当商家用100元回购积分时，他已经从5笔交易中赚取了总计250元的利润。只要商家按照固定的利润比去制定积分的发放规则，无论经历多少次发放和回购，无论积分增值了多少，商家都是有利可图的。

此外，商家的这种“让利经营”，并不需要高昂的代价。尽管从表面看，商家每笔生意赚取的单位利润减少了，但由于能够显著刺激消费，其总利润未必会减少。而且，通过积分商业模式，商家不必再大费周章地去开展各类营销活动。包括广告宣传、商品打折、发放赠品等营销手段都可以省略，这本身就能节约一大笔成本。

因此，加密数字资产的免费机制，只是一种营销形态的转变，一种商业思维的转变，并不需要商家为此增加支出，也不会损害消费者的丝毫利益。

积分增值作为免费机制的重要实现因素，其价值的储存和增长不是凭空产生的，而是源自于利润转移和时间推移。

在传统的商业经营模式中，营销成本是经营总成本的一个重要组成部分。但营销成本的增长往往也会使商品的价格上涨，加大消费者的消费负担。这部分营销支出并未为消费者创造价值，但消费者却要为此买单，这自然是消费者不乐于见到的状况。而在积分商业模式下，这部分成本则完全转移到了加密数字资产积分中，随着参与的商家与消费者的越多，会有越来越多的经营利润注入到加密数字资产中，带动其不断升值。

积分的增值必须建立在时间推移的基础上，免费机制也是建立在时间差之上的间接免费。加密数字资产的价值积累，必须在商家的不断经营、消费者的不断消费过程中来实现。其价值积累的速度与消费者的消费总量，商家的回购循环次数都有着直接关系。而要实现免费，则还需要考量积分价值与消费额的比例。比如消费100元获取价值10元的积分，该比率就是10%，假设商家一直按照这一规则发放积分，那么只有后续的成交总额达到1000元，积分升值后的价值才能使当时的积分获取者实现消费免费化。由于市场消费能力总存在一定限度，不可能在短时间内急剧增长，因此免费的实现必须依靠长期不间断的生产与消费。

综上所述，加密数字资产的积分属性不仅能形成免费机制，而且这一免费机制完全是稳定的、可持续的。只要整个商业社会还存在，只要生产与消费的活动还存在，这一免费机制就能永不间断地运作下去。通过商家与消费者共同向未来投资，商业活动中每一环节的参与者都能从中获取自己应得的利益，携手共赢。

甘苦并存，时机决定一切

加密数字资产积分的免费机制并非复杂到难以理解，但同时也会有人提出疑问：为什么这样一种极具魅力的免费机制在过去从未有人构想或研究过，如今却又如同在市场中突然出现一样？这一切的最根本原因，在于加密数字资产本身的出现与发展。

免费机制的良好运作，必须建立在加密数字资产之上，并非可以随意替换、随意改造的。就如同没有网络，我们就不能使用电子邮件、不能浏览网页一样，这是一种依存关系。正是由于加密数字资产的出现与发展，建立于其上的各种应用才能应运而生，免费机制也是因此才得以确立的。

而在历史如此之久的商业社会中，之所以没有一种与免费机制相类似的商业模式出现，也是因为加密数字资产的特性无法被实物资产所替代。尽管两者作为资产的不同形态具备一定的共性，但实现免费机制的关键元素，却是加密数字资产所特有的。就像纸质信件和电子邮件，尽管二者在功能上类似，但是实现方式、效率、成本等截然不同，其商业模式也就呈现出了完全不同的状态。

免费机制的运作有两个关键点：一个是资产的转移，另一个是资产的增值。而这两个关键点，唯有使用加密数字资产才能更好地实现。

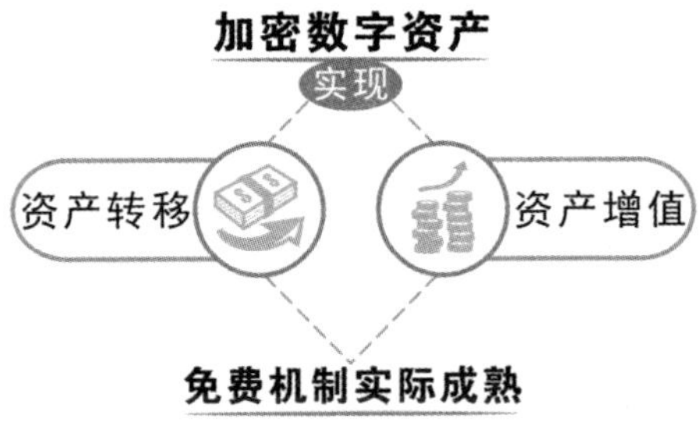

从资产的转移来看，为什么实物资产不适合用作转移物呢？因为实物资产携带不便且难以分割，难以准确计量。而在交易过程中，实物资产也会出现不同程度的折旧、损耗，使资产产生缩水。即便是选择贵金属等相对便利的资产形态，也难以从根本上解决问题，还会带来丢失、被盗等安全隐患。

而使用数字资产作为转移物，则完全可以避免实物资产的劣势，不需要占据任何空间，没有携带、分割的不便，在安全性上，也只需要注重账户安全和存储介质的安全即可。在实际转移过程中，资产转出者只需得知转入者的资产账号，就能当即或事后通过网络上的操作完成资产转移，大大简化了资产转移过程，提高了资产转移效率，而资产转入者也不必担心资产的真伪和损耗等细节问题。

尽管数字资产相比实物资产，在转移过程中拥有如此之多的优势，但在实际应用中却也有其特有的问题。由于数字资产交易不伴随任何实物的转移，也没有一套监管机制验证交易的真实性，因此一种被称为“双花”的重复转让现象也随之出现。

所谓“双花”，就是数字资产的持有者在将手中的数字资产转移给交易者后，又向另一位交易者许诺相同价值的交易，而此时，持有者本人并未持有足额的数字资产。这就相当于，该数字资产的持有者用同一笔资产进行了两次消费，其实现方式多半是利用数字资产交易的网络延迟性对交易规则进行攻击，从而制造出非法交易。

“双花”现象对于数字资产的危害性极大，不仅会影响整个数字资产的交易秩序，使得数字资产不断贬值，更严重的是会直接动摇与破坏人们对数字资产的基本信任，一旦无人愿意使用该数字资产，整个体系就会直接瘫痪。而从另外一个角度来看，一旦解决了重复转让的问题，数字资产就不可被随意地复制增长，其价值也会趋于稳定，数字资产作为一种交易介质的可靠性也会大幅增强。

因此，在数字资产的基础上，依据密码学原理设计的加密数字资产，正是为有效解决“双花”现象而诞生的。加密数字资产并非是加大数字资产网络自身的破译难度，而是改变了整个网络运作形态。在传统的数字资产中，总有一个核心服务器进行交易的验证、处理，但“道高一尺，魔高一丈”，无论安全性如何提高，这种核心服务器都极有可能在不同程度上被攻破。不过，加密数字资产采用的是去中心化网络，每一个网络用户都是交易的验证者和处理者。单纯地伪造一笔交易没有意义，因为在去中心化验证下，整个加密数字资产网络能够对一笔交易不断向上追溯，只要有一个可疑之处，这笔交易便会被否决。无论是多么高明的黑客，都无法同时对整个网络中的所有个体服务器同时做出攻击。

此外，加密数字资产还具备总量限定的特性，能够实现价值的储存和增长。那么，是不是说加密数字资产诞生之初就解决了免费机制中的资产转移和资产增值问题了呢？并非如此。因为免费机制中所需要的不仅仅是资产的增值，还需要一种稳定化的增值形态，但以比特币为代表的第一代加密数字资产并未能实现这一稳定的价值增长。

比特币的本质是一种资产，但是其在使用上的定位却是货币，而且不受任何机构的定义和调控，其价值完全依赖于整个网络和市场影响。因此，受市场供求关系的影响，以及无数投机者和投机机构的行动，比特币的市场价值在2009—2013年内可谓是大起大落。尽管如今比特币的市场价值已经相对稳定，但仍无法实现价值的稳定增长，而在免费机制中，这就无法赢得消费者的信任和使用。

除了比特币外，包括莱特币、天元币等在内的知名加密数字资产，也都存在价值不稳定的问题。如何实现加密数字资产稳定的价值增长，成为了实现免费机制的另一个阻碍。而加密数字资产积分属性的挖掘，成为了突破阻碍的关键。

长期以来，加密数字资产之所以呈现频繁的价值波动，主要在于其应用时偏向货币属性，没有一个稳定的系统与之绑定。而积分属性的挖掘，则将加密数字资产的定位从交易介质转变为了商业积分，与商业具体活动绑定在一起，其价值的增长不再受市场供求的直接影响，而主要是由注入加密数字资产中的商业利润所决定的。只要商家实现盈利，加密数字资产积分就能在积分商业模式的作用下实现价值的稳定增长，而商家的亏损却不会对其价值有丝毫影响。加密数字资产积分的发行、回购、价值增长完全同商业活动挂钩，避免了单纯市场活动造成的不稳定性。

加密数字资产的稳定增值有利于其普及度提高，而随着接受和参与积分商业模式的商家和消费者的数量增加，加密数字资产的价值增长会更加快速和稳定，也能促进整个商业社会的蓬勃发展。

任何一种事物都具备两面性，在巨大创造力的背面隐藏着强大的破坏性，加密数字资产也不例外。对于加密数字资产的应用，必须有一套安全合理的机制和一个高度泛用化的商业环境与之相适应，这样才能引导其走向良性的应用轨道上。所以，积分商业模式也好，免费机制也好，并非是突然出现的，而是在加密数字资产的体系发展成熟和加密数字资产普及程度提高的双重时机下破壳绽放的。

互动 + 分享，互联网精神下的多边共赢

当前的时代是属于互联网的，而在未来的很长一段时间内，互联网仍将是整个世界的主旋律。这一切不仅来自于各种便捷的互联网工具，适应当前时代发展需求的互联网精神也是重要因素之一。

互联网对整个世界最直观的改变就在于网络联系，通过更快速、更紧密的联系，许多传统的模式和思维都发生了剧变。比如交易方式，远程交易、电子商务迅速崛起和成熟，并且在商业活动中占据着越来越重要的位置。再比如营销方式，传统的宣传单、电视广告不再是每个企业乐于选择的方式，利用网站、微博、微信等互联网工具做大规模宣传成为大多数企业的优先选择。

但是以上这些便利工具的出现与应用，还不是互联网所带来的革命的全部。在互联网精神下，一些协议与规则的变动，都有可能让一件事物展现出完全不同的两种状态。

就拿许多网民所熟知的互联网下载来说。一开始，互联网上资源的下载速度会随着下载人数的增多而逐渐减慢，因为有限的下载通道被越来越多的下载需求所占据，每一个下载者的速度自然会受到影

响。后来，一位程序师编写了一套下载协议，他规定，每位下载者在下载时，都要负责将自己下载的一部分进行上传，相当于在网络中进行分享。如此一来，新增的下载者就不必再去争抢原先有限的资源，而是可以从先前下载者上传的这部分中进行获取。

在这一协议下，一个神奇的现象发生了，原先与下载人数成反北的下载速度，如今却变为了下载人数越多，速度越快。这一切都要归功于参与下载的用户的互动与分享，这也正是互联网精神的强大所在。

在过去的商业活动中，各个环节的参与者是相互孤立或是联系不紧密的。无论是商家与消费者之间，还是商家与商家之间，大多是各自为战，并不会真正地设身处地为对方着想，不会优先追寻整体利益最大化。而这一切，将在互联网精神的作用下被显著改变，积分商业模式，正是互动+分享的互联网精神的具体体现之一。

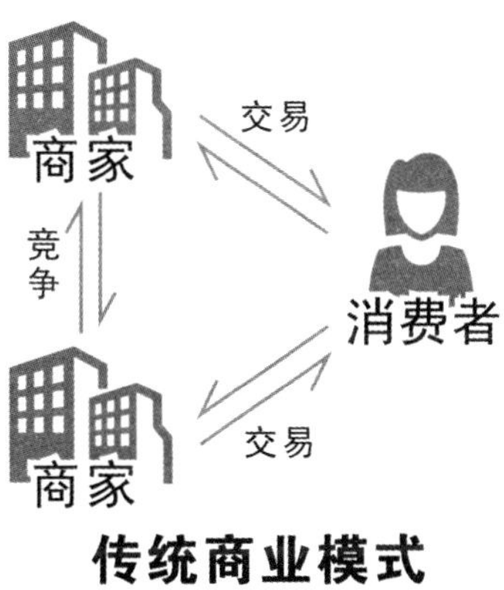

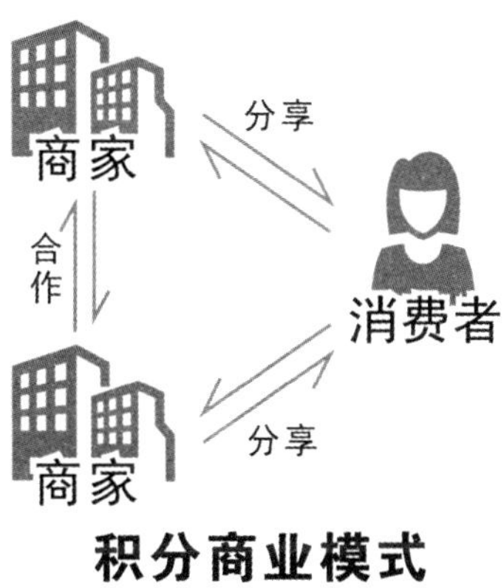

传统商业模式下，商家与消费者只存在买卖关系，“一手交钱，一手交货”，交易达成后便两不相干，更多的交流往往只存在于商家与一些大客户、老客户之间。而在积分商业模式下，商家在从消费者身上赚取利润的同时，会提取出一部分利润，以加密数字资产积分的

形式返还给消费者。而消费者则可以通过保留积分，待积分升值后接受商家的回购，从中获取收益。这一运作形式形似大大丰富了商家与消费者之间的经济和财富往来，商家与消费者之间不再只是一次性的交易关系，而是会在频繁的互动与分享中获取更大的共同利益。

传统商业模式下，商家与商家之间，竞争永远是主旋律。尽管会有一部分商家会相互合作，开展一些联合活动，但几乎都只是昙花一现。只要双方都保持着各自的经营独立性，竞争就不可避免，这在同行业、同地域商家中更是明显。商家的竞争不仅存在于产品和服务上，内部的管理和外部的营销，这些都是竞争点，但这些竞争却未必总能带来好结果。就拿营销竞争来说，很多时候就变为了大打价格战，结果往往是损人不利己，甚至会给消费者留下不佳的印象。而积分商业模式下，商家的营销形态发生了重大变动，通过统一的积分营销，商家之间的竞争关系有所缓解，通过对加密数字资产积分的不断经营，所有参与的商家都能从中获利，互动和分享成为了商家之间新的旋律。

互动+分享的互联网精神，削弱了孤立运作与过度竞争所带来的价值消耗。围绕加密数字资产积分这一统一的价值元素，商家与消费者、商家与商家之间开始了更加多样化、深层次化的沟通交流。通过互动，商家能更精准地把握消费者需求，向消费者提供更令他们感到满意的产品与服务；通过分享，商家的部分让利能带来总利润的增长，同时也使整个加密数字资产的价值不断增长，每一个参与者都将成为获益者。

在互动与分享的互联网精神下，积分商业模式将会使原本波涛汹涌的商业社会逐渐趋于风平浪静。最终，一个所有参与者都能安然航行、追寻财富的蓝色海洋必将越来越广阔。

Chapter 9

积分模式下的商业结构优化

加密数字资产的积分属性带来了一种全新商业运作模式的同时，也使一些传统性的商业结构得到了大幅度优化。商家的经营业态，消费者的消费习惯等，都将在积分模式的影响下发生改变。而这些改变，将更加适应未来的方向，推动商业社会走上更坦荡的发展之路。

积分模式由商家和消费者共同参与和维护

传统商业模式的制定者和维护者主要是商家，消费者作为一种商业模式的末端参与者，并不会对商业模式本身产生太大的影响力。而这种商业模式，已经越来越无法适应互联网时代特征了。

在互联网时代中，消费者的自我意识迅速崛起，他们希望获取更大的发言权，希望商家能够更加真切地重视起自己的意见。而信息能力的增强与选择权的增加，也让消费者拥有了属于自己的“武器”。如果商家不重视消费者思维，那么消费者会毫不犹豫地抛弃，转而寻找更能得到重视的消费场所。

而商业的逐利性也使消费者对商家抱持本能的不信任感，他们总会感觉自己的花费太多，感到商家从自己这里多赚了钱。因此，即便是商家通过降价等让利手段进行促销，也只会让消费者感觉这件商品本就不值那么多钱。

而在积分模式下，商家不再是占据绝对主导地位的参与者，而是需要商家与消费者的共同参与和维护。

消费者首先进行消费行为，商家才会根据赚取的利润向消费者发放相应价值的积分。随着成交额的增长，总量限定的加密数字资产积分被发放完毕后，当需求持续增长时便会刺激商家回购的产生。为了能将积分进行分割以满足需求，商家需要以更高的价格回购等量积分，整个积分的单位价值就在这个过程中不断地实现积累。

在积分模式下，消费者的需求和商家的回购缺一不可，少了任何一方的参与，这一商业模式就无法成立，甚至连“独角戏”都无法进行。同样的，如果双方中任一方对积分模式的参与积极性有所下降，整个积分模式的发展也会受到影响。比如，消费者的需求下降，商家的回购频度下降等，都会显著减缓加密数字资产积分的价值增长，而增值速度放缓则会进一步降低对消费者的吸引力，使得需求持续下降，带来恶性循环。

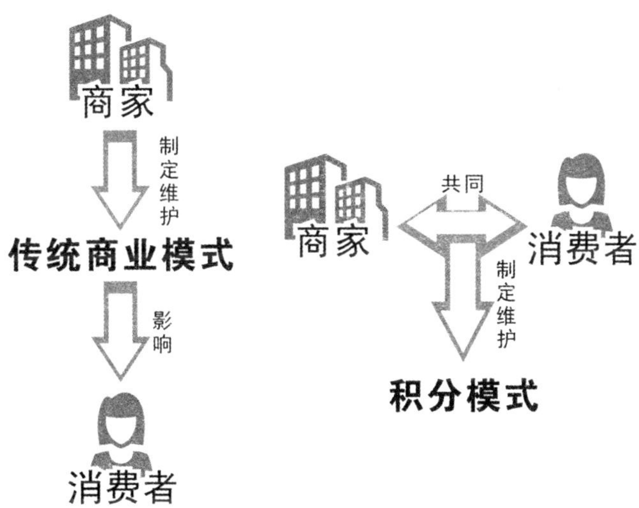

因此，积分模式的存续和发展，需要商家和消费者的共同参与和维护。只有双方都对这一模式保持信心，积极地投入其中，这一模式才会产生更强大的利益回馈，使商家和消费者都从中获益。

积分模式相比传统的商业模式，并不会因参与者的增加而加大不稳定性，而是恰恰相反。在传统商业模式中，消费者并非是不参与，而是缺乏参与的主动权，更多时候是在被动接受，这样自然会引发消费者的对抗心，造成商业模式的不稳定。而积分模式则是将商家与消费者置于一种完全平等、相互合作的环境中，从而构建起一个更和谐的商业模式。

因此，担心由于商家和消费者任何一方从积分模式中抽离而导致该模式崩溃是完全没有必要的。因为这是一个共赢的模式，只要参与者能够从中获取到切实利益，自然会愿意对其积极地维护。另一方面，个体商家与消费者的疑虑或出离并不会真正动摇积分模式，只要具备足够的参与基数，积分模式就能在不同范围和规模下良好地运作下去。

积分模式的出现，改变了传统商业模式“由商家决定，为商家牟利”的功用，而是成为了一种由商家和消费者共同参与和维护，为双方共同创益的商业模式。这将显著改变传统商业社会下的商家与消费者的关系，为两者构建起更紧密、更对等、更深入的沟通交流关系。

商家的营销与经营形态的转变

积分模式作为一种需要商家和消费者共同参与和维护的模式，自然会让双方做出各种主动或是被动的转变，这也将是对传统商业结构的一次优化升级。

从商家的角度来看，积分模式为营销和经营提供了全新的工具与思路，这将有助于改善落后商业模式的束缚，以创新化思维适应互联网时代的商业环境。

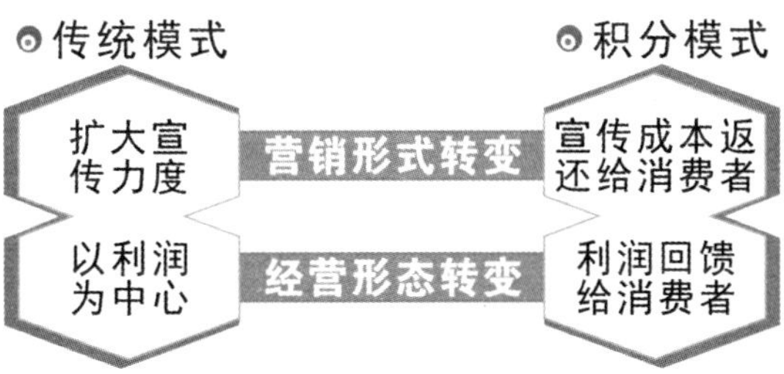

商家的营销与经营形态的转变

● 营销形态转变

传统模式下的商家营销，简单地总结就是一个词——“烧钱”。在许多经营者看来，钱烧得越多，宣传的声势越浩大，效果就越是明显，就越是能达成营销的目的。但这一观念在互联网时代下早已落伍。

互联网时代下，消费者接收信息的渠道多了，消费的选择也多了，只靠单一的宣传“洗脑”很难使他们认可和买账。消费者需要更贴近自身需求的精准营销，需要更具吸引力的创意营销，盲目的信息轰炸只会使他们感到疲惫和反感。

而对于商家来说，每年大笔的营销支出无疑是一个巨大的成本负担，而这一成本是否取得了应有的成效还要打上一个大大的问号。最终的结果可能仅仅是“养肥”了无数的媒体和广告商，折损的却是商家和消费者的利益。

据统计，全球每年的广告费用至少在5000亿美元以上，这些费用是商家支出的一部分，但最终必然需要由消费者买单。而且，这些广告中的绝大部分缺乏创意、缺乏内涵，并没能创造任何真实价值。如果商家能够改变营销形态，采用更具针对性、更低成本的营销方式，那么全球商业社会每年将节约数千亿美元的成本。这些成本可以用于产品的创新与研发，可以用以向消费者返利，这无疑比对劣质广告进行投入更具价值。

积分模式就是提倡商家不要再去盲目地进行传统的广告宣传，而是可以将这部分营销成本节省下来，作为经营利润的一部分以积分的形式返还给消费者。这本身就是一种极具吸引力的宣传活动，而且消费者也能从中得到切实的利益，何乐而不为呢？

在过去，由于信息传播手段的限制，大规模的广告宣传可能是许多商家的“无奈选择”。而如今，在互联网平台下，越来越多的传播工具应运而生，这些传播工具范围更大、限制更少、成本更低，完全能够满足商家多样化的营销需求。商家没有必要固守着传统营销这一没落的“沉船”，而是可以将成本转移，投入到积分模式中，开展一系列新式营销，让营销焕发更大的价值。

● 经营形态转变

积分商业模式在使商家做出营销方式改变的同时，也让商家调整着经营的形态。在传统经营思维下，商家总是紧扣利润这个中心，关注的是财务收支和现金流。他们深信，只有商家自身更好地盈利，才能拿出充足的资金以向消费者提供更好的产品和服务。然而，这种看似有道理的思维在实际运用中却不总是奏效。因为你无法保证在资金充足的情况下能够提供更好的产品和服务，消费者更是无法确信，所以他们更倾向于在满足需求的前提条件下去寻找更实惠的商家。

积分模式要求商家转变经营思路，不要在赢利后再去回馈消费者，而是要在赢利的同时就去回馈。在过去，这种经营思路被视为是不可取的，因为利润率的降低使得发展速度变缓，竞争力会随之下降。但在积分模式下，由于从传统营销模式下抽回了一部分成本，使得商家有足够利润向消费者发放回馈用的商业积分。积分形式的利润回馈使得商家获得了间接的价格竞争优势，这自然能吸引更多消费者前来。在客流量增加的情况下，即便是单位利润保持不变或是稍有降低，总利润也会如期增加。如此，商家就能在吸引消费者的同时就去扩张自身规模，而不是先扩张再吸引。

积分模式对消费者的吸引力并不单单局限于物质利益层面，这种模式同时能向消费者展示商家的分享精神，展示出商家对于消费者的重视。这将显著改善商家与消费者之间关系的密切程度，商家也能从消费者那里获取更具建设性的意见，这些来自消费者的信息在互联网竞争中将是一种强力的工具。

商家传统的营销与经营形态变革，是由积分模式催生出来的，也是为了能更好地适应积分模式，适应现代化的商业竞争。商业环境变了，商业模式也变了，传统的商业要素也必须做出相应的改变，才能实现优化，使商家不断地提高自身竞争力。

消费者需求点与需求量的转变

作为积分模式的另外一大参与者与维护者，消费者的传统行为习惯也在积分模式的影响下发生着改变。这不仅会使消费者自身的生活状态发生改变，也会反作用于商家的经营选择，进一步改变商业社会的形态。

从消费者的角度来看，积分模式带来的不仅仅是单次消费的成本降低，其潜在收益更是难以衡量。只要消费者长期持有积分，在积分的不断增值之下，消费者在消费时获取的积分价值就能够抵销甚至超过消费成本，而大大减弱的消费压力将使消费者的消费点和消费量发生明显变动。

消费者需求点与需求量的转变

● 需求点转变

在传统的消费习惯中，主流商品总是容易受到人们的追捧。一方面，这和商家的经营策略有关，商家对于主流商品的投入、宣传、售后等总是不遗余力；另一方面，在消费者看来，购买主流商品的风险较低，因为主流商品等同于得到了整个市场消费者的验证，即便不是100%契合自己的需求，也至少不会“买错”。

在这种消费形态的影响下，商家和消费者都纷纷走向了一个极端，商家运用“二八法则”致力于打造市场热门产品，而消费者也坦然接受了这些产品。即便他们有时想“换换口味”，但往往没有渠道去选择种类丰富的产品。

这种主流思潮不仅影响了商品领域，对所有的行业和品牌也都有影响。硬需求行业、知名品牌总是会轻易地受到市场的追捧，而冷门行业、新创品牌想获得消费者的认可却举步维艰，这使得这些创新行业或创意品牌的生存环境更加恶劣。长此以往，整个商业社会的创新规模和创新深度都会受到限制。

而在积分模式下，新创品牌也有了和市场大品牌对等的营销宣传方式，通过增值积分的吸引力，能够更好地引导消费者的需求。比如，新开业的商家或是新推出的产品，可以设定更高的积分发放率，用这种更大力度的促销吸引消费者购买。从消费者的角度来看，更高的积分返现率让自己购买新产品的成本和风险大幅降低，他们也自然更加乐意去尝试。

通过积分模式转变消费者的需求点，能够更好地刺激长尾市场，让众多的创意行业和创意产品在市场中赢得属于自己的生存空间。这将丰富整个商业社会的行业体系和产品体系，为改善消费者生活环境带来更多可能性。

● 需求量转变

生产力的发展是商业社会前行的重要推动力，但如果仅有生产而没有消费，或是消费力远远跟不上生产力，那么整个社会经济也会陷入迟缓停滞的状态。

对于任何一个企业或商家来说，如果其推出的产品没有得到市场的认可，销量惨淡，那么无论该产品包裹了多么高深的技术含量，无论具备多么了不起的创意，其结果都是失败的。生产产品、推出产品并不是企业和商家的目标，只是一个循环经营过程中的一个节点，生产的产品在推出后没能完成销售目标，没能转换为既定的收益，那么该产品的价值就无法真正实现。最终，当产品的库存造成积压只得无奈销毁时，更是对社会资源的严重浪费。

对于商家来说，找到自己的客户、找到自己的销路至关重要。而对于整个商业社会来说，刺激市场的消费热情，保证市场具备充足的购买力同样如此重要。只有需求量提升了，生产才不会轻易变为一种盲目行为，反而还会进一步刺激生产能力和生产效率的提高，整个商业社会才能进入一条发展的“高速通道”。

而积分模式，对于市场需求总量的刺激具备明显效用，能够显著提高市场消费能力。在积分模式下，消费者的消费成本和消费压力得到了减轻，他们能够更加“无顾忌”地去购买自己需要的产品。对于消费者来说，当前消费得越多，获取的积分越多，未来的收益潜力也就更大。每一笔消费都能在未来得到兑现，因而消费量的增加并不会明显加大消费者的生活负担。积分模式虽然不至于让消费者的需求总量无限制增长，但也能够明显地改善市场中需求紧缩的状态。

消费者的需求点和需求量，是商业社会发展速度和发展模式的重要影响因素。而传统的商业模式下，这两大因素更多地会受到社会经济状况和消费者生活水平的影响，难以去有效地刺激和调控。但积分模式却能在一定程度上改变消费者的需求点，增加消费者的需求量，引导商业社会以更快的速度，向更好的方向去发展。

Part 3

消费=投资，为未来买单

Chapter 10 \\

“消费—投资”模式

在人们的传统观念中，消费和投资是两个不相关，甚至是相背离的概念。消费和投资都需要本金，消费带来的是使用价值，而投资带来的是未来收益。在有限的资金下，消费与投资的规模可说是“此消彼长”的关系。但随着加密数字资产的出现，随着积分商业模式的推行，消费和投资这两大经济要素被紧密地绑定在了一起，并由此诞生了“消费—投资”模式这一全新经济生态。

“天上掉馅饼”不再是白日梦

层出不穷的经济骗术总是伴随着经济活动的始终，无论是小范围的庞氏骗局，还是大范围的经济泡沫，总是会在给人们展示完一幅幅美妙的前景后，又瞬间灰飞烟灭。特别是金融创新的深化和互联网工具的崛起，更是让各类骗术的种类与欺骗性进一步提升。

但正所谓“万骗不离其宗”，无论骗术的花样如何翻新，无非都是借助人们希望“天上掉馅饼”的心理，用“高收益无风险”“免费”等具备诱惑力的词语使人上当受骗。于是，在各种防骗警示下，人们的戒备心理也大幅增强，一旦看到不合理的高收益，或是看到无本万利的“好事”，总是会多掂量一番，甚至会毫不犹豫地拒绝或排斥。

因此，当积分商业模式的概念被提出后，并向人们宣称消费能够免费，消费能够成为一种投资时，难免会有人万分怀疑：天底下还能有这等好事？肯定是骗局!

不过，投入多少、收益高低、风险大小，本就无法成为判断是否是骗术的基准，充其量只是一种“警戒信号”。究竟是一个好项目还是一场骗局，关键要看其能不能产生真实价值，有没有一套持续进行的运作机制。

我们所熟知的庞氏骗局，就是一种“拆东墙补西墙”“空手套白狼”式的欺诈手段，它通过许诺给人们高收益进行融资，然后将新融入的资金作为快速盈利返还给上一批投资者，以此不断扩大融资规模。由于融入的资金并未做任何投资或实业，自然无法产生真实价值，当泡沫越来越大，难以及时填补时，整个链条自然就会断裂。

而从我们常用的一些互联网工具来看，为什么我们不会质疑QQ、微信、360杀毒等免费工具是骗局呢？一来是因为我们非常明确这些免费工具的价值，它们确实给我们的生产生活带来了诸多便利。二来是因为我们知道这些免费工具的研发公司和运营公司在通过工具获取用户流量后，可以利用增值服务或广告推广等方式获取收益，这套运作机制完全是可持续的。

在科技创新的威力下，许多看似“白日做梦”的好事都在逐渐变为现实。当手机成为我们的主要沟通工具时，支付通信费可谓是“天经地义”，而且通话时间越长、跨越地区越远，我们所要支付的费用就越高。而如今通过互联网通讯工具，同样可以实现语音沟通，而且可以以几乎零成本进行无时间和空间限制的交流。在互联网基础之上的一系列创新工具和创新模式，正在将我们生活中的方方面面变得更加快捷和低成本。

所以，在互联网时代中，“天上掉馅饼”未必是白日做梦，天上掉下来的“馅饼”也未必一定是“陷阱”。在这个创意无极限的时代，我们在判断事物时更需要透过现象看本质，更需要进行深层次的剖析。而加密数字资产下的积分商业模式，是具备真实价值和可持续的运作机制的，它不会成为下一个庞氏骗局，而是会成为类似于QQ、360杀毒等互联网工具一样的，能够改善我们当前生活状况的一种重大创新。

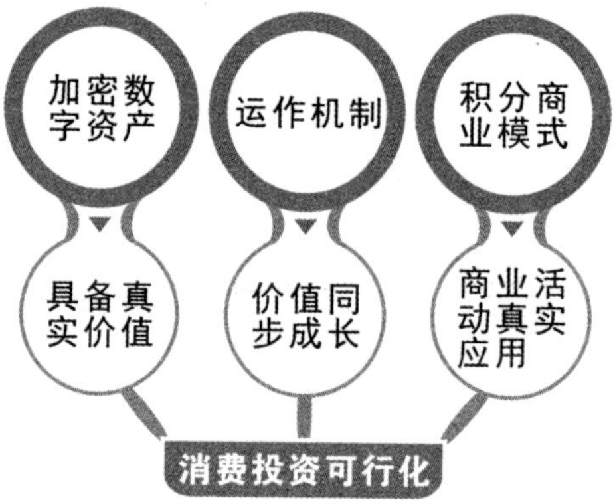

首先，从加密数字资产的角度来看，其本身是具备真实价值的，通过不同算法产生的、总量限定的加密数字资产，能够长期地锁定价值；其次，从积分商业模式的应用场景来看，它是发生在真实的商业活动中的，而商业活动本身自然是能够不断创造真实价值的；最后，从两者结合的运作机制来看，通过积分商业模式将加密数字资产与真实商业活动紧密地捆绑在了一起，规避了加密数字资产在市场作用下价值增长不稳定的弊端，两者相互促进，同步成长，这一机制甚至可延续到商业社会的尽头。

所以，加密数字资产下的积分商业模式，不仅具备真实价值，而且具备可持续的运作机制。它不会制造出泡沫，而是会成为价值增长的催化剂。加密数字资产向世人展示的“消费—投资”模式，将成为一块从天而降、人人可分享的“大馅饼”。

负债变资产，消费不再是负担

关于资产和负债的定义，不同的人在不同的角度、不同的层级上可能会给出完全不同的概念和解释。

而在罗伯特·清崎先生的《富爸爸》系列中，则对资产和负债的概念做出了一个生动而又精准的定义。罗伯特·清崎先生认为：资产是将钱装入你口袋中的事物，而负债则是将钱从你口袋中拿出去的事物。

在人们的主观认识下，资产和负债是一个静态的概念，而实质上这两者均是动态的概念。所谓资产，不仅要具备价值，还要能为你带来一定的收益，而负债则必然会让你做出金钱上的支出。

按照传统观念，有些人会说，“我的房子和车是资产”，但真实情况未必如此。假如你从银行贷款买了一处房产或一辆车，每个月你都需要为此支付月供，那么在这期间，无论是房产还是汽车，都不是你的资产，而是你的负债。而当你偿还完全部贷款，取得了房产和车辆的全部产权后，如果仅仅是自住和自驾，那么这些仍不能算是你的资产。因为你要为此支付房屋的维护费用，支付汽车的油费，但却无法从中获取一丝一毫的收入。因此，只有当你将房屋或汽车出租给他人并从中赚取租金，房子和车才能被称为是资产。

所以，资产和负债并不是一个简单的固定概念，任何一个事物都可能具备资产与负债的双重属性。而在这一思想的指导下，我们通过一些操作，甚至可能将负债瞬间变为资产，并为自己赢得收益。

以房产操作为例。现在有一处居住用的房子，我们无力全额购买，只能从银行贷款。假设在支付首付后，我们每月还需偿还2000元，那么此时这处房产就是我们的一项负债。但现在，我们对这处房产进行简单的维护和装修后，通过中介机构将其出租出去，每月的租金为2200元，那么相当于每月在支付2000元月供之后，通过这处房产还能有200元的收入。此时，这处房产就摇身一变成为了我们的一项资产。

当然，这种负债变资产的操作手法在现实中需要有大量专业知识的积累，会涉及许多复杂的环节与流程。不过也说明了，支出与收入并不是完全相背离的概念，在一定条件下是能够相互转化的。

从资产和负债的定义来看，消费无疑是一种负债行为，任何一次正常的消费，都需要消费者支付现金或财物作为交换。但在积分商业模式下，通过加密数字资产的增值效应，却能够将这种负债行为转变为投资行为。

在积分商业模式下，消费者的每一次消费行为，在支出的同时都能获取一定价值比例的加密数字资产作为收入。虽然从当时的价值来看，支出要远远高于收入，但是支出是固定化的，而加密数字资产却具备增值性。在时间作用下，不断增值的加密数字资产所带来的收益，终将会超过获取该加密数字资产时所进行的消费支出。此时，在当初的消费行为中所获取的最终收益，就抵销或超过了消费中的支出，消费行为也就完成了从负债到资产的转变。

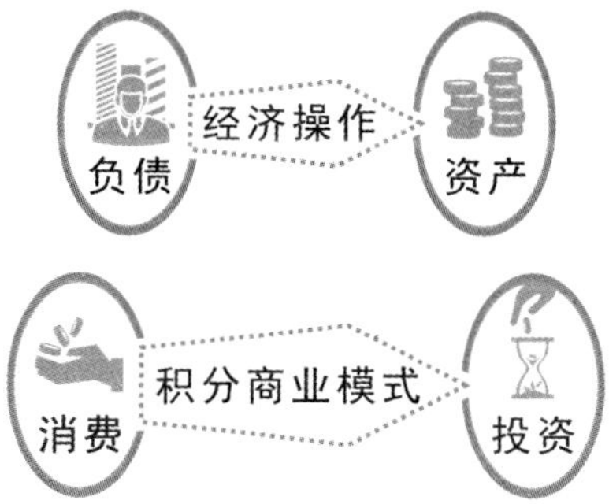

对于在现代社会中生活的人们来说，消费已经成为了一种越来越重的负担。尽管社会总体经济在不断发展，人们的收入水平在不断提高，但是需求量却被更大限度地扩张。人们总是会有意识或无意识地压制自己的消费欲望，在消费之前总要绞尽脑汁、深思熟虑，以免做出后悔的消费决策。这种社会生活状态，显然不是我们乐于追求的。

而通过加密数字资产下的积分商业模式，消费将不再是一种沉重的负担。人们在消费的同时，也是在对加密数字资产做一种变相的投资。加密数字资产投资不仅具备快速、稳定的升值能力，而且能够随时变现，降低甚至完全抵销消费行为所产生的支出。

正如任何事物都可能具备资产和负债的双重属性一样，对于消费行为也应当全面地去看待。消费作为经济活动中的一项最基本元素，其存在是完全客观的，不应当大肆鼓吹，也不应当过度压抑。关键在于，如何运用一套行之有效的机制，更好地平衡消费行为中的资产与负债的关系，使之对个人和社会都能产生更强大的正面效应。如今，加密数字资产正运用它的魔力，将之变为了现实。

加密数字资产积分，真正的大众投资

互联网工具的便捷化，互联网精神的普惠性，显著改变了世界投资领域的面貌。投资，逐渐从专业人士的“游戏”，变为了一种大众“游戏”。

证券交易，一直以来都是金融市场中的一种主要投资手段。在互联网证券交易出现之前，人们需要到证券交易所进行现场交易，不仅会出现拥挤、交易延迟等问题，还伴随着较为复杂的流程，这使许多想要参与证券交易的人群望而却步。后来，网上交易形式的出现，大大优化了证券交易环境。人们只需要在证券公司开立好证券账户和资金账户，即可在家中通过网络进行实时交易，不仅更快更及时，在操作流程上也便捷了许多，这使得参与证券投资的人群基数有了明显的增长。

然而，虽然投资的形式变了，但证券市场作为一种投资方向，其本质并未发生改变。尤其是股票市场，对于大众来说仍是“高风险高收益”的代表，需要学习大量相关知识、积累大量实践经验才能真正做到游刃有余。因此，这种传统的投资模式在普及程度上必然存在种种限制。

后来，随着互联网在金融领域的应用深化，互联网金融作为一种投资新选择出现在了大众面前。无论是余额宝、理财通等“宝宝类”产品，还是积木盒子、陆金所等P2P投资平台，都是互联网金融领域中的一员。

和传统的投资方式相比，互联网金融投资在选择上更加多样，操作上更加便利，而且没有较高的投资门槛，即便不具备专业化的金融投资知识也能很好地学习和参与，因此更具备普遍性。余额宝一经上线，在短短数月时间内就吸收公众资金达4千亿以上，与此同时，整个互联网金融领域更是在一个月内让银行存款下降了9千多亿，这正是大众投资的威力所在。

但是，整个互联网金融领域尚未成熟，不同的互联网投资产品也都有各自的弊端。比如“宝宝类”产品，虽然安全性高、操作便利，但是收益一般，仅仅高过银行存款。而P2P投资产品虽然收益高，但鱼龙混杂，潜在的风险也较大，而且由于缺乏相关的机制和法律作为保障，无法担保投资者最基本的投资安全。

而加密数字资产积分投资，则在原有的互联网金融领域基础上更进一步，更加贴合大众投资的需求。

要成为真正的大众投资方式，一定要具备以下三个特征：一是投资门槛低；二是低风险、收益稳定；三是操作简单，不需要大量时间的投入。只有同时做到以上三点的投资方式，才能以最快的速度在最大范围内铺开，成为大众化的投资选择。而加密数字资产积分投资，则完全能够符合上述条件。

加密数字资产积分投资特征

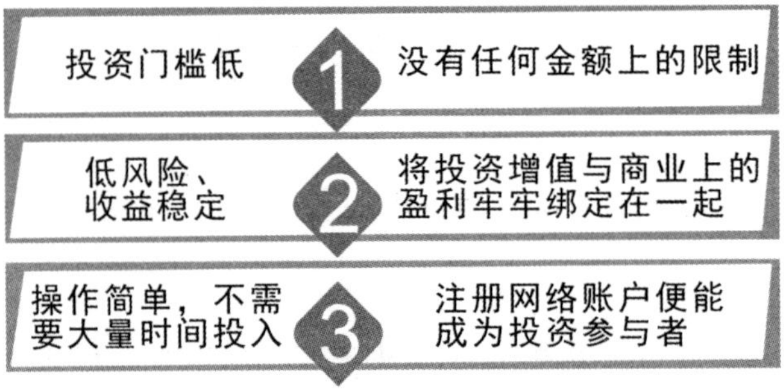

从投资门槛来看，加密数字资产积分投资没有任何金额上的限制，人们根据不同的消费额度获取相应比例的积分，多消费即多得，少消费即少得。投资者也不需要过于专业的金融知识，不需要将加密数字资产相关的理论框架理解得头头是道，这不会对投资者的投资收益产生障碍。

从风险和收益来看，加密数字资产积分投资在很大程度上摒弃了传统投资方式受市场供求关系影响较大的特点，而是通过与实体商业活动的链接，将投资增值与商业上的盈利牢牢绑定在一起。当参与积分商业模式的商家联盟在整体上是盈利的，其利润的一部分即会注入到相应的加密数字资产中，带动其升值。即便整个商家联盟都没有盈利甚至是处于亏损状态，没有利润注入到加密数字资产中，也只是会使加密数字资产的价值增长陷入停滞，而不会导致其价值下跌。因此，加密数字资产积分投资完全是一种低风险、收益稳定的投资方式。

从操作的便利性来看，进行加密数字资产积分投资，只需投资者注册一个用于接收和存储相应加密数字资产积分的网络账户，便能成为一名投资参与者。而在投资过程中，不需要投资者特意准备本金，因为投资资金来自于投资者自然消费资金中的一部分。只要消费者在赠送加密数字资产积分的商家进行消费，即可从商家处领取一定量的加密数字资产积分作为“投资标的”，之后不必进行任何的线上或线下操作，只需等待积分不断增值，在感觉合适的时间点卖出进行变现即可。加密数字资产积分投资通过将投资行为和消费行为进行绑定，大幅简化了投资过程，使投资成为一种随时可以发生的自然行为，一举两得。

加密数字资产积分投资的诸多特性，更加符合大众投资的需求特点，能够将投资的普惠性进一步放大和增强，从而打造出一个“人人可投资，时时可投资”的金融世界。

Chapter 11 \\

参与就要明白，拥有就要清楚

盲目跟投是投资活动中最不可取的思维和行动，对于任何一种投资，一名出色的投资者都应当了解其基本面，挖掘与之相关的各项信息，如此才能对这项投资做出一个清晰、准确的判断。对于加密数字资产积分的投资，我们同样不能仅凭大众评论就对其妄加判断，而是应当对其进行更全面、更透彻的研究。

水流四方，源头属于谁？

进行投资之前，需要了解的第一个问题，就是这项投资的源头属于谁。一个投资项目，其设计方是谁，运营方是谁，运营的目的和模式分别是怎样的，是判断该投资项目是否健康可靠的基本信息。

即便是入门级的投资者，也知道不同的股票属于其对应的上市公司，不同的理财产品属于其对应的银行，不同的P2P产品则属于相应的第三方互联网公司或平台。每一种投资项目，通常都有所有者和运营者，以保证投资项目的正常运作。那么，加密数字资产又是属于哪一个公司或机构的呢？

和传统的投资项目不同，加密数字资产没有任何发行机构，也不属于任何国家或公司。它由研发人员或研发机构按照一定的协议和算法设计完成，在设计完成时即存在于互联网中，按照一定算法获取它的人，就能成为其所有者。即便是设计者本人，也没有任何捷径去快速获取加密数字资产，而是必须遵循完全相同的规则。同样的，无论是先获取加密数字资产还是后获取加密数字资产的人，权利也不会有任何变动，因为加密数字资产的本质仅仅是一串串代表交易记录的代码。

比如我们所熟知的比特币的发明者中本聪先生，为了启动比特币网络，他通过特定算法获得了整个网络中的第一笔50块比特币，这在加密数字资产领域中通常称为创世块或创世区块。创世块与其后产生的其他区块相比，确实具备一定的特殊性，作为整个加密数字资产网络交易验证的起点，创世块的收益是绝对不可能兑现的。也就是说，中本聪先生手中持有的第一笔比特币是不可能成功交易的。尽管创世块肩负着启动加密数字资产网络的重要职责，但是其持有者本人并不会因此得到任何特权，持有者获取新资产的速度不会变快，其资产的单位价值也不会增长。

虽然加密数字资产投资从本质上来说，仍然是互联网金融投资的一部分，但是其去中心化的运作机制却铸就了一个完全平等透明的投资环境。在传统的投资项目中，内幕消息、过度包装可谓是极其常见的现象。有许多投资项目“看上去很美”，但实际运营中可能就是另一番景象。因为这些投资项目的初衷并非是为投资者牟利，而是为融资者筹集资金，其本身就是由融资方或第三方平台设计和掌控的，自然难以根除不公平现象的产生。而加密数字资产不受任何人或机构掌控，只遵循唯一的互联网协议和规则，且永远无法被篡改。

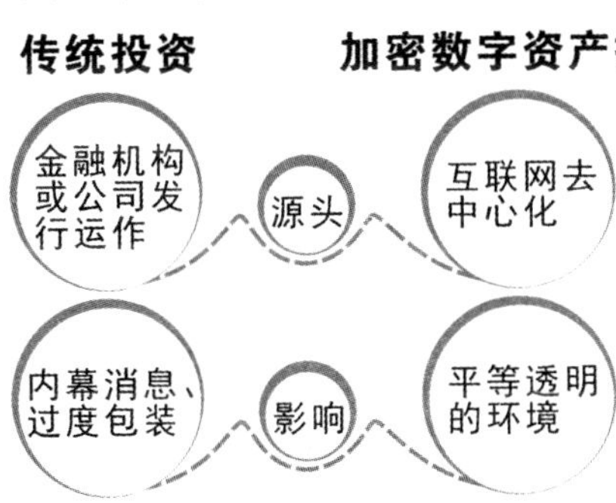

那么，这种没有“牵头机构”的投资项目，会不会给投资者的投资过程带来不便呢？这一问题也是不必担忧的。虽然加密数字资产没有一个对应的核心机构，但是却有众多提供服务的运营机构。以比特币为例，众多新创企业纷纷开发比特币交易框架，推出比特币钱包等应用工具，已经成为了一个生态集群，显著改善了比特币的投资和交易体验。

因此，依托于全网唯一规则的加密数字资产，借助于各种第三方应用，不仅能够实现投资项目运作的公平化，也不会给投资流程造成任何阻碍或混乱。这种去中心化的投资项目，是互联网金融的重要发展领域。

满则溢，益者来自哪里？

投资项目的收益来源和收益机制，是另一项重要的考察要素。没有价值来源的投资项目，不可能健康运作，也不可能为投资者带来真实收益。

我们在选择一支股票时，不仅会关注其涨跌的走势，也会通过其基本面进行投资判断，包括上市公司的性质、行业、规模、财务状况、市场地位等等。一个稳定的大型上市公司，往往能够提供高价值的分红，而一个快速成长的上市公司，则更容易让投资者获得投资增值。同样，我们在选择P2P投资项目时，也不会只看其收益率、投资时间、投资限额等，同时也会关注该项目背后的融资方是谁，融资的用途是什么，是否真实可靠、有利可图等。考察清楚投资项目背后的价值运作体系，是识别投资项目、规避投资骗局的重要方式。

那么，加密数字资产积分这一潜力无限的投资项目，其价值收益究竟来源于哪里呢？答案就是商业活动中的利润积累。

在积分商业模式中，只要消费者进行消费，商家就会回馈相应价值比例的加密数字资产积分。假设返还比例是10%，即消费者消费100

元可得到价值10元的积分，消费者消费的100元，或者说是商家经营收入的100元中的10%，即作为积分价值注入到了加密数字资产网络中去。而随着消费者的不断消费，商家的不断经营，就会有越来越多的利润注入到加密数字资产中，而在总量限定的前提条件下，积分的单位价值也随之提高。

即使将这一增值模式扩展到一个商家联盟，扩展到全世界，同样是可行的。假设全球每年的消费订单总价值为50万亿美元，其中1%的订单采用积分商业模式运作，那么在平均利润率为10%的情况下，每年就会有价值500亿美元的利润注入到加密数字资产积分中。积分商业模式在全球范围内应用得越广泛，加密数字资产积分的价值增长就越快速、越稳定。

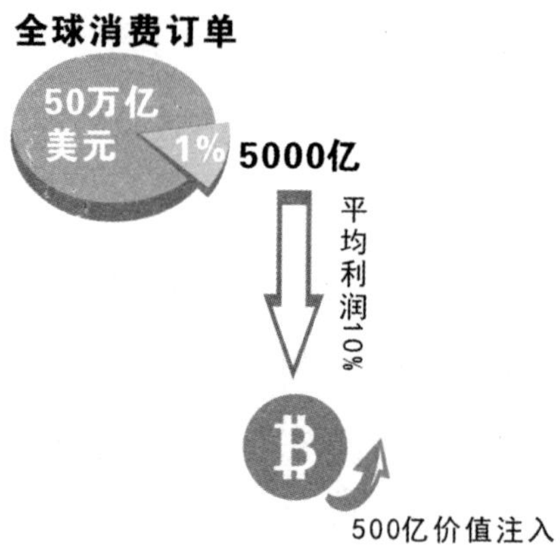

那么，这种不断增值的投资方式真的能够无止境地持续下去吗？真的不会有价值链断裂的那一天吗？我们需要明白，虽然加密数字资产的总体增值速度很快，但具体到每一笔增值的比例并不高，只是由于立足于全球商业活动的加密数字资产积分总量大、流动频繁，因此才能实现整体的快速增长。从加密数字资产积分的每一次价值注入来看，其来源都是商家经营利润的一部分，商家不会无节制地让利，因此这种增值并不会带来价值增长的压力。只要商业社会在不断地运转，那么积分商业模式就能不断地运转，加密数字资产积分价值的增长，也只有在商业社会终结之时才会停滞。

在经济学领域曾经有这么一句戏言：最快的致富方式，就是让全世界每一个人都拿出1元钱。但现实中的问题是，全世界的人民凭什么要拿出这1元钱，当从全球汇聚了60亿元的财富后又能带来什么。如今，加密数字资产积分为这两个问题作出了解答。

在积分商业模式中，加密数字资产积分就相当于那个从全世界筹钱的“人”，而所有的商家和消费者则是提供“1元钱”的参与者。通过加密数字资产积分这一全球化的投资工具，人们的财富有了一个明确的投资标的，而借助于价值增长，加密数字资产积分又能进一步推动商业社会的进步，为参与其中的商家和消费者都带来实际收益。对于每一个参与的商家和消费者而言，他们的每一笔投资都是很小的一部分，但在网络聚沙成塔的效应下，整个加密数字资产积分却能在全球范围内实现价值飞跃。

所以，加密数字资产积分，是一种“源头活水”式的投资，通过科学合理的运作机制，能够实现“价值增长→价值分配→再增长→再分配”的良性循环，打造出一个人人都能从中获益的投资环境。

水分“甘苦”，甘苦是否并存？

任何一种投资，都是收益与风险的复合体。投资在带来一定预期收益的同时，也必然伴随着一定风险。而且在通常情况下，预期收益越高，潜在风险也就越大。投资活动的核心，实质上就是在控制风险的情况下实现收益最大化，更好地去平衡风险与收益的关系。

我们所接触的投资方式中，通常都会运用一定的规则对风险和收益做出限制。比如银行存款，基本就不存在任何投资风险，而相应的其收益率也比较低。即便是人们通常认为涨跌幅度较大的股票，其实也有每天10%的最大涨跌幅限制，将投资的稳定性在一定程度上加以控制，以避免出现投机狂热现象。

那么，加密数字资产是否也会大涨大跌？如果从整个加密数字资产领域来看，那么答案是肯定的。尽管加密数字资产的总量限定特性使其具备了价值储存功能，但由于市场资金的转入和转出，必然会带来其价值的激烈变动。而且和股票等较为传统的投资工具不同，加密数字资产完全遵循市场化运作，没有涨跌限制，因此更容易受到市场价值预期的影响。

比如，在比特币刚刚面世时，其价值仅为0.03美元/个，因为此时绝大多数人根本不认识、不了解比特币，市场需求小，其涨幅自然小。而随着数年的运作，在各种投资或投机行为的作用的下，比特币的市场需求大增，其单位价值也以令人惊异的速度不断增长。到2013年4月，比特币的最高价值已经达到了266美元/个，与最初相比增长了8000倍以上。而仅仅半年后，比特币又连连突破历史高点。2013年11月18日，比特币兑换人民币的成交价为3226元/个，19日成交价为5880元/个，20日成交价回落至5110元/个，21日成交价又下降至4200元/个。其涨跌之频繁、幅度之巨大，让人瞠目结舌。

当然，加密数字资产初期价值的剧烈波动是有其特定原因的。首先，包括比特币在内的加密数字资产，是一种完全创新的金融工具，人们对其从不了解到了解，从不接受到接受的过程中，自然会引发需求量的巨大变动。其次，任何加密数字资产在初期运作中，由于流通总量较小，容易受到投机资金的影响，从而引发市场价值的剧烈波动。而当整个市场足够成熟后，加密数字资产的市场价格也会趋于稳定。就以比特币在2015年8月的走势来看，其单位价值基本在1400—1700元的区间内，已经相对稳定。

而加密数字资产积分的出现，又从另外一个层面稳定了加密数字资产的投资价值。比特币等早期加密数字资产，由于完全独立化运作，因此会受到市场资金追捧程度的直接影响。但加密数字资产积分的市场价值是来源于实体商业运作，不会受到直接交易供需的影响。因此加密数字资产积分不会像早期加密数字资产一样大涨大跌，而是会以一种更平稳的态势实现稳步增长。

加密数字资产积分稳步增长的模式，一方面大幅消除了加密数字资产领域的投机现象，使得整个投资领域能够更稳定地运作。另一方面也更贴合大众投资者的投资需要，让广大投资者更安心地投入资金，有利于整个投资项目的普及和发展。

很多人看到加密数字资产积分投资只涨不跌、没有风险，就对此万分怀疑，其实完全没有必要。因为加密数字资产积分只是通过模式的改进，对投资的增长模式进行了调整。同样是在一年内价值翻倍，早期加密数字资产可能是以一种上蹿下跳的“过山车”方式来到价值高点，而加密数字资产积分则是以平稳上坡的道路来到价值高点。两者实现同样幅度的增长，但增长的过程和模式却不尽相同。

在互联网的创新作用下，只涨不跌、没有风险的投资项目不再是不可能的，在加密数字资产积分工具和积分商业模式下完全能够实现。进行加密数字资产积分投资，投资者不必再像传统投资项目一样必须“甘苦共享”，而是能够做到“享其甘，避其苦”。

观其色，识其形

在对加密数字资产积分这一投资形式有了基础性了解后，投资者需要掌握一些更为具体的知识和技巧，如此才能在投资环节中游刃有余。为此，投资者需要学习一下四个方面的内容：如何识别和评价加密数字资产积分？加密数字资产积分有哪些收益形式？加密数字资产积分如何获取和交易？加密数字资产积分投资需要哪些基本理念？

● 加密数字资产积分的识别和评价

整个加密数字资产领域尚未真正成熟，加密数字资产积分更是一种全新出现的投资属性，在这一时期，难免会有大量正规或山寨的加密数字资产积分商业模式涌现。在鱼龙混杂的市场中寻找靠谱的加密数字资产积分投资项目，需要投资者擦亮眼睛。

对于大众投资者来说，可以从三方面对某种加密数字资产积分进行简要的分析评判。

加密数字资产积分的识别和评价

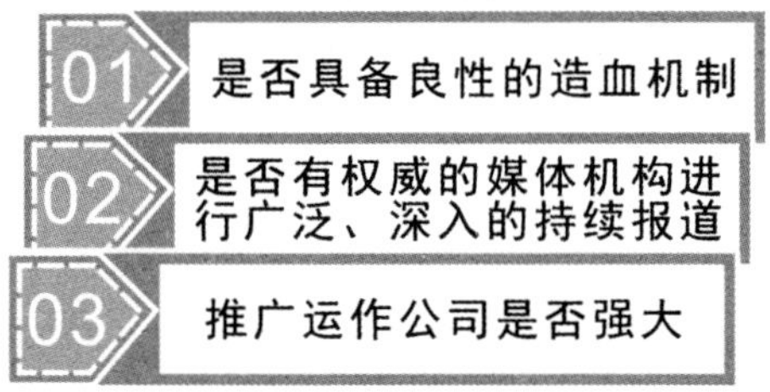

首先，看某种加密数字资产积分是否具备良性的造血机制。只有能够产生或对接真实价值，这种加密数字资产积分才是可靠的、可信任的。加密数字资产积分的良性造血机制，应当以实体经济作为支撑，以商业活动作为基础。

其次，看某种加密数字资产积分是否有权威的媒体机构进行广泛、深入的持续报道。权威媒体对信息的筛选能力，对新事物的评估能力要远远超出个人，因此其报道本身就是一种认可。能够得到权威媒体机构广泛、深入的报道的加密数字资产积分，通常都会具备良好的发展前景和增值潜力。

最后，看某种加密数字资产积分的推广运作公司是否强大。加密数字资产积分没有真正的掌控机构，因此参与推广运作的公司就是其表面实力的重要代表。如果参与推广运作的公司不正规，那么这种加密数字资产积分的正规性也就很值得怀疑。如果参与推广运作的公司实力不够强劲，那么其推广速度、增值潜力也会受到限制。

● 加密数字资产积分的收益形式

不同模式下的加密数字资产积分，其收益形式也各不相同。但从目前整个领域来看，加密数字资产积分的收益形式不外乎以下几种。

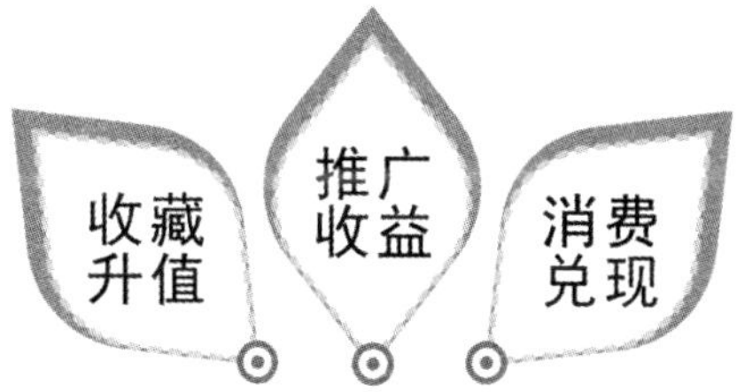

（1）收藏升值：即投资者不断积累和长期持有加密数字资产积分，等待其在市场运作中完成自然增值，然后在需要变现时进行交易即可。

（2）消费兑现：即将加密数字资产积分像货币一样直接用于消费，以直接兑现其当前价值。

（3）推广收益：即成为加密数字资产积分运作推广的成员之一，通过不断推广吸引越来越多的商家和消费者参与，从而获取一定比例的收益作为回报。

随着加密数字资产积分的应用拓展和模式创新，将会有越来越多的收益形式随之出现，加密数字资产积分的投资形态也将更加丰富。

● 加密数字资产积分的获取和交易

普通投资者要如何投资加密数字资产积分呢？即能从哪些途径获取这种可增值的积分呢？通常，加密数字资产积分的获取方式主要有三种。

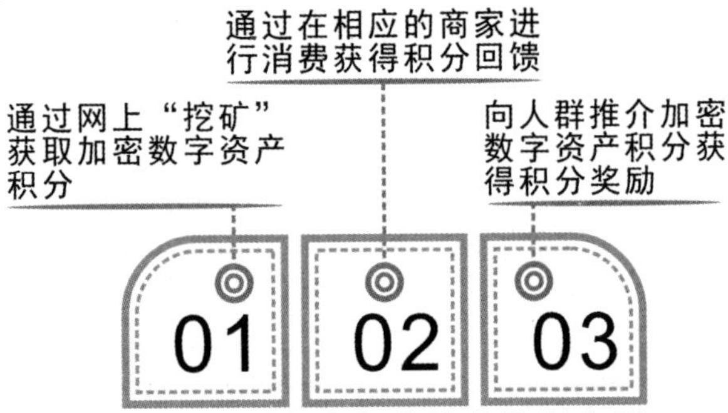

加密数字资产积分的获取和交易

第一种是通过网上“挖矿”直接获取加密数字资产积分，其基本的原理和规则同比特币类似。加密数字资产积分虽然被赋予了积分属性以在商业活动中加以运用，但其生成依旧是通过特定的算法。网上“挖矿”，就相当于投资者用计算机等“挖矿”工具去解决一道复杂的数学问题，待解出一道答案后即可获取相应数量的积分作为奖励。

第二种则是通过在相应的商家进行消费获得积分回馈，这是加密数字资产积分所特有的获取方式。与网上“挖矿”所获取的新生产积分相比，通过这种方式所获取的积分是已经生成并在市场中交易流通的，投资者相当于通过消费投入从商家那里取得了相应积分的所有权。

除了以上两种较主流的积分获取方式外，还有第三种积分获取途径，那就是通过手机二维码向其他不了解、未参与的人群推介加密数字资产积分。一旦这些新参与者进行了交易，推广者即可获取一定量的积分作为报酬。由于对积分推广有助于加密数字资产积分的普及程度和增值速度，因此这种报酬机制是完全合理的。

当然，投资者想要成功接收和储存这些加密数字资产积分，必须在网上或相应的平台上开设一个专门的账户。这个账户既是投资者的资产账户也是交易账户，后续的交易行为全部需要通过该账户来完成。

加密数字资产积分当前的交易模式，主要是通过交易平台来完成，这些交易平台通常是该积分的推广运行公司所研发和维护的。交易平台的存在，只是为了提供更便利、更安全的交易体验，不会对加密数字资产积分的交易规则产生任何干涉或影响。

随着整个加密数字资产积分的技术和系统的不断成熟，在未来，将会有更加多样化、快捷化的交易方式产生，投资者之间点对点的直接交易也将会实现。

● 加密数字资产积分投资的基本理念

对于不同的投资工具，投资者会运用不同的投资理念。比如，对于风险低、收益稳定的投资项目，人们奉行“长期持有，追逐复利收益”的理念；而对于风险大、收益波动大的投资项目，人们则奉行“分散投资，把鸡蛋放在不同篮子里”的理念。

那么，加密数字资产积分这种新型投资工具，又有哪些实用的基本理念呢？下面将介绍三点。

1. 行动越早，收益空间越大

加密数字资产积分投资，作为一种只涨不跌、稳步升值的投资工具，意味着其具备和银行存款相似的特性。也就是说，投资者投资的越早，收益的空间也就越大。

如下表所示，假如某种加密数字资产积分的单位市场价值在1月份时为10元，并且每半年翻一倍，有A、B、C三位投资者在三个不同的时间点进行投资。那么到10月份，该加密数字资产积分单位市场价值上涨到30元时，在1月份投资的A能获取20元收益，在4月份投资的B能获取15元收益，而在7月份投资的C则只能获取10元收益。

	1月	4月	7月	10月
A	10元	15元	20元	30元
B		15元	20元	30元
C			20元	30元

当然，这并不意味着，行动慢了就彻底失去收益的最佳时机了，因为随着价值量的增加，相同比例的增长速度带来的绝对值增长是不同的。比如，加密数字资产积分的价值从10元上升到40元，价值翻了4倍的同时带来了30元的绝对价值增长。而从40元上升到80元时，尽管价值只翻了2倍，但却带来了40元的绝对价值增长。所以，立即投入行动，永远是比延迟投资更好的选择。

2. 长期持有也能实现收益最大化

在人们传统的投资观念中，让钱待着不动绝不是一个好的生财之道。所以，想要赚取高额投资收益的人会去选择股票而非储蓄，进行股票投资的人也会频繁地进行各类买入卖出的操作，以谋求收益最大化。但是，这类投资操作不仅需要专业知识和经验的储备，也需要耗费投资者的大量时间，并不适合大众投资者。

而加密数字资产积分投资，由于很大程度上排除了市场交易供需的影响，实现了一种较为平滑的上升曲线，因此投资者不必过度纠结其市场价值变动，不用进行“低价买入，高价卖出”等操作，只需不断持有加密数字资产积分，同样可能实现最大化的收益水平。

3. 乐于分享才会创造更大的收益潜力

在传统投资活动中，如果投资者得到了一个好的项目信息，或者是得到了相关的内幕消息，那么他往往不会向他人透露。因为传统的投资工具在收益额或投资限额上通常会有上限，参与的人越多，意味着个人的平均收益可能会越少。比如某款理财产品的募集资金为1000万元，假设有1万人得知信息并愿意投资，那么平均每人仅能投资1千元，而如果只有1千人得知相关信息，那么平均每人可以投资1万元，最终收益额也会随之提高。

但加密数字资产积分的获益机制却不同，并没有投资上限、收益上限、收益时间等限制，可以无限地循环增长。而随着参与者的增加，随着资金注入规模的增加，加密数字资产积分的整体增值量更大、增值速度更快，这也会带动投资者手中所持有的积分增值。而且，通过向其他人推广积分，投资者也能获取一定积分作为奖励。所以，在加密数字资产投资中，多分享才能创造更大的收益价值，投资者是在共同“做蛋糕”，而不是在“分蛋糕”。

通过以上四个方面的内容，加密数字资产积分作为一种投资工具的属性和信息已经基本呈现。只要能够理解和掌握这些基础的投资信息和投资理念，就一定能够在加密数字资产积分这种大众投资方式中赢得自己的收益。

水有两面，小心风险

加密数字资产积分投资虽然是一种稳定上涨，不会波动的投资方式，但并不意味着其没有任何风险。绝对的安全在投资世界中并不存在，投资者无时无刻都应当提高警惕，识别潜在风险，以增强投资安全性。

加密数字资产积分投资的风险，大致可以分为两类，一是外部风险，二是内部风险。

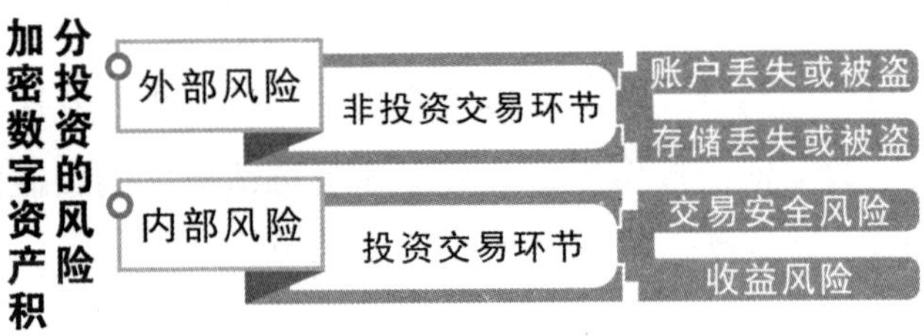

● 外部风险

所谓外部风险，就是在非投资交易环节中产生的各种风险，主要是因账户或存储工具的丢失、被盗而产生的一系列损失。

加密数字资产是一种虚拟资产，虽然不占据任何实体空间，但需要使用电子设备在网络中进行存储。2013年，在英国就有一位比特币爱好者因为硬盘丢失而导致比特币亏损，其价值高达750万美元。

其实，包括比特币在内的加密数字资产并非是一种简单的数据块，而是在网络中永久存在的。也就是说即便是存储工具损坏，只要整个网络健在，加密数字资产都不会有丝毫损耗。但是对于个人投资者来说，如果存储工具失窃或损坏，而自己又没有进行任何备份，那么就只能自吞苦果。

除了存储工具外，存储账户的安全也非常重要。加密数字资产积分的存储和交易，都需要投资者通过注册的网络账户完成。和银行账户或其他投资账户一样，加密数字资产的账户一旦被盗，也有可能使自己的财产被非法转移。所以，投资者不仅要保护好自己的账号和密码，平时在使用时也应当注重网络环境安全，以防各类盗号病毒的攻击。

● 内部风险

所谓内部风险，就是伴随着投资交易环节的各类风险，主要包括交易安全风险、收益风险等。

加密数字资产积分的投资交易，需要借助于专门的运营工具和平台来完成，而这些工具和平台是能够由第三方机构独立开发的，因此难免会存在一些风险。而在不同的平台上，进行加密数字资产积分交易的手续费可能也会有较大差别，一些投资者可能为贪图小利就选择手续费率低或是不收手续费的平台，但这些平台往往可能有较大的风险。由于加密数字资产积分投资并不需要像股票投资一样进行频繁交易，因此交易费率的微小差距并不会带来太大的影响，投资者还是应当首先选择正规的、大型的平台。

任何一种投资方式，因为有涨有跌，所以就会有亏损的风险。那么，加密数字资产积分由于只涨不跌，是不是意味着就没有这方面的风险了呢？未必如此。我们要知道，亏损的风险是一个相对的概念，受到许多因素的影响。比如你手中有100元钱，没有进行任何投资，在5年后仍是100元，但是由于物价上涨了10%，因此你手中的钱也因此价值缩水了。也就是说，如果你的收益比平均水准要低，即便从绝对数值上看是有收益的，但实际上可能已经亏损了。

虽然加密数字资产积分的增值相对平稳，但是也会存在不同趋势的波动。比如当处于经济动荡期时，由于社会总体的消费力下滑，加密数字资产积分可能就会增长减缓甚至在一定时间内陷入停滞。而某种加密数字资产积分所对应的商业联盟，如果其中的主要行业遭遇突发危机，也会造成类似的后果。这些，都是投资者在选择加密数字资产积分或是进行投资时机的选择上需要注意的。

加密数字资产积分投资，确实有远超其他投资方式的安全性，但这并不意味着投资者就可以完全放松警惕，放任各种潜在风险。整个加密数字资产领域的体系和机制尚未完善，其安全等级仍有很大的提升空间。

Part 4

共赢经济模式铸造免费世界

Chapter 12

财富分配改写经济规则

社会经济的运转，归根结底是由两部分构成，分别是财富的产生和财富的分配。小到个人，大到产业集群，只要是经济活动中的一部分，就必然会同财富的产生与分配产生千丝万缕的联系，经济规则也随之不断确立和调整。对于商业社会而言，财富的产生是客观且不受的，但人们可以通过调整财富的分配模式来不断优化经济规则。

科技生产力无法改变经济现状

长期以来，科技生产力都是改变人类社会经济现状的重要力量。从农业时代开始，铁器、车轮以及各种水利工具的发明，都大幅提高了农业生产水平，使人们能够丰衣足食。进入工业时代，蒸汽机、电力的发明更是带来了更为强大的动力，不仅让人类社会更加舒适和便利，也让人们具备了更为强大的控制力和创造力。而到了信息时代，计算机、互联网的发明，更是让整个世界、整个人类社会凝聚为了一体。

从古至今的科技生产力，让人类社会的总体财富得到了极大的积累和增长，然而这种增长模式也已经开始显露出瓶颈，常规的科技发明对于整个经济现状的改善能力也已大不如前。在过去，科技生产力解决的是人类社会的硬需求，因此能对社会经济产生极大的推动作用。而如今，社会硬需求需要填补的空间已越来越小，人们需求的重点从吃、穿、住等生存必需项目上，转移到了车、旅游、电子设备等软需求上。

在一系列生产技术的“军备竞赛”下，除了使企业和整个社会出现产能过剩、产品过剩，也让人力成本大幅缩减。越来越多原本需要由人完成的工作，如今可以用机器更好地完成。在此状况下，就带来了产品数量激增和工作收入激减的相反态势。产品的供应量很大，但广大公众无力消费，供应的产品无法及时转化为价值，反而阻碍了经济的发展。

所以，单纯地依靠科技生产力不断提高生产效率，已经无法改变消费能力低下的经济现状，无法适应未来的经济发展需求。而是需要从财富分配的角度，创建一条更合理、更具活力的经济规则。

在传统的财富分配体制下，老板没有一个好的方法与员工分享利益，商家也没有一个好的方法与消费者分享利益，因此就导致了财富的不断集中。作为盈利方的老板或商家越来越富有，而普通的员工和消费者则越来越贫乏，消费能力也不断减弱。许多人想改变这种状况，于是我们看到培训行业越来越火爆，投资领域越来越火爆。为什么呢？因为人们想通过培训提高自身竞争力，以寻求更好的工作待遇，也想通过投资使自己的财富实现增值。

然而，通过这种方式，最多只能改善一小部分人的现状，对于整个社会的经济现状是无法产生根本性效果的。整个社会需要建立一种新的财富分配机制，在新机制下，财富将不再全部流向老板和商家，而是能合理合法地抽取一部分，分配给员工和消费者，从而带动社会总需求。这不仅不会影响到企业的利润和发展速度，还有利于社会整体经济生态的优化，使社会未来经济能以更稳健、更持久的方式发展。

加密数字资产积分的成功应用，使这种新的财富分配形式成为了现实，也表明了这种新的财富分配机制是可行的、有效的。随着积分商业模式的不断成熟和扩展，将成为改变经济现状的燎原之火，也将使科技生产力在新的经济机制下发挥出更为正面的创造力。

网络的魔力不止于信息复制与传递

互联网在其诞生和普及的数十年时间内，之所以能催生出一系列改变世界面貌的创新，主要源自于两大“魔力”：一是信息的复制，二是信息的传递。

在互联网出现之前，信息复制需要等量的成本投入和时间投入。比如印制一份书稿需要10分钟，花费10元，我们现在想要再复制一份，那么就需要20分钟，花费20元。虽然在工业大生产模式下，复制量越大成本越低，但终究有一定限度，而且就原材料真实价值来看，复制的成本并未降低。

但随着互联网的出现，信息有了全新的虚拟化承载方式。比如在出版印刷行业中，电子出版、电子刊物成为了一种全新的形式。在互联网强大的信息复制能力下，无论同时制作多少本电子刊物，都能在短时间内完全，而且成本几乎不会有任何增加，因为虚拟化信息复制本身就是高效和免费的。

人类社会的信息传递方式，也是不断随着工具的变化而变化，从信件到电话，信息传递的效率也在不断提高。而在互联网平台下，电子邮件、即时通信工具的出现，更是凭借其快捷化、低成本的优势迅速取代了传统的信息传递方式。

无纸化办公模式的兴起，也是得益于互联网强大的信息传递能力。通过无纸化办公，企业和机构不仅大幅缩减了办公成本，而且还提高了办公信息的安全化、快速化管理水平。除此之外，远程交易、网上缴费等便利模式的出现，都是在互联网强大的信息传递能力下得以实现的。

网络信息复制与传递的魔力，确实做出了众多革命性的创新，具备极高的使用价值。然而，这种复制和传递模式下却难以承载价值。假设我们制作一本电子刊物，其成本是100元，那么在制作完成后，无论复制多少份，其真实价值都不会增长，只有在交易完成时才能换取交易价值。因为信息的复制本身并不需要投入必要劳力，而且也没有数量上的限制，所以必然无法使真实价值得以增长。

在互联网发展初期，之所以出现互联网泡沫经济，在很大程度上也是由于互联网无法承载真实财富的影响。长期以来，如何解决网络的价值承载能力，让网络发挥出更强大的真实价值，一直是互联网领域致力的问题。直至加密数字资产的出现，凭借其总量限定、算力投入的特性，成为了网络世界中的一种具备真实价值和财富存储功能的“生产物”，互联网也真正拥有了其财富载体。

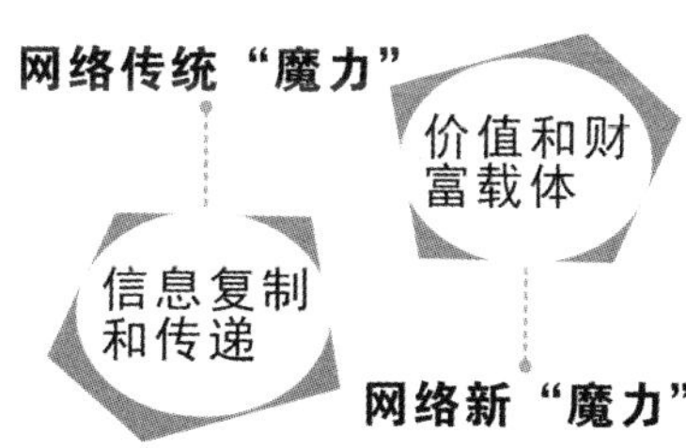

加密数字资产带来的财富载体功能，使网络的魔力得到进一步释放，也让互联网创新进入一个崭新的阶段。无论是移动网络还是社交网络，其创新都是建立在信息的复制与传递之上，但始终都没能解决网络信任和真实性。而加密数字资产，则和实体经济、商业活动紧密结合在了一起，并且通过区块链技术带来的网络信任模型，创造出一个不一样的网络时代。

随着网络价值承载魔力的爆发，网络将逐步摆脱完全虚拟化的特性，而是不断地与现实世界融合，通过虚拟与现实的融合，进一步释放网络的价值潜力，为真实世界带来更多的创造力。

从虚拟到现实，网络成为财富载体

在人们的传统观念中，能够成为财富载体的，一定是各类实体资产，比如黄金、地产、机械设备等。我们生活中所使用的纸币，实质上也不是财富载体，而是一种财富符号。而知识产权、专利权等虽然也被作为资产看待，但却存在价值评估和变现不易的问题。

实体资产在价值储存上，具备天然的优势，但在资产转移与变现上却存在极大的不便，因此，许多人希望借助于网络的便捷性，通过网络化的资产更好地为资产转移而服务。但是，互联网虚拟资产无限复制的特性使其很容易价值缩水乃至崩塌，根本无法作为财富载体。

而加密数字资产，则完全改变了传统互联网虚拟资产的形态，在总量限定的特性下，加密数字资产成为了网络中的“金矿”。无论每一种加密数字资产，其存量都是固定的，而且随着不断挖掘其存量会不断减少，永远不可再生或复制。这种天然的稀缺性使得加密数字资产突破了传统互联网虚拟资产的弊端，能够长期、稳定地储存价值。

由于加密数字资产具备财富载体功能，其也从虚拟世界开始走向现实世界，在现实世界中的应用环节发挥着越来越重要的作用。

加密数字资产作为一种数字化的、虚拟化的资产形态，能够实现便捷化的交易模式。在传统的实体资产交易中，需要交易双方当面清点、评估，还可能伴随着资产的运输、储存等环节。而在加密数字资产交易中，双方可以足不出户，通过网络直接完成“一手交钱，一手交货”的资产转移。

提供便捷化的资产交易方式，只是加密数字资产现实影响力的一环。通过加密数字资产同其他资产形体或投资方式的对接，同样能够产生巨大的价值推动作用。

比如在艺术品市场中，艺术品的拍卖、变现一直以来都是难解的问题。这类艺术品虽然具备极高的投资价值，但往往价格高昂，一位投资者很难承担，而艺术品自然也无法进行分割交易。于是，许多艺术创作者由于作品无法变现，很难投入新的创作之中。而借助于加密数字资产，将艺术品同加密数字资产对接，则能够实现艺术品的“分割交易”。假设某款艺术品的价值为1000万元，我们可以准备等价值的加密数字资产作为该艺术品的交易替代，这些加密数字资产指代的就是需要拍卖的艺术品。通过公开拍卖，投资者可以购买相应份额的加密数字资产。当有1000人参与交易认购时，平均每人所需要的投资额仅为1万元，投资的压力大减，而艺术品也能借此实现价值的快速变现。

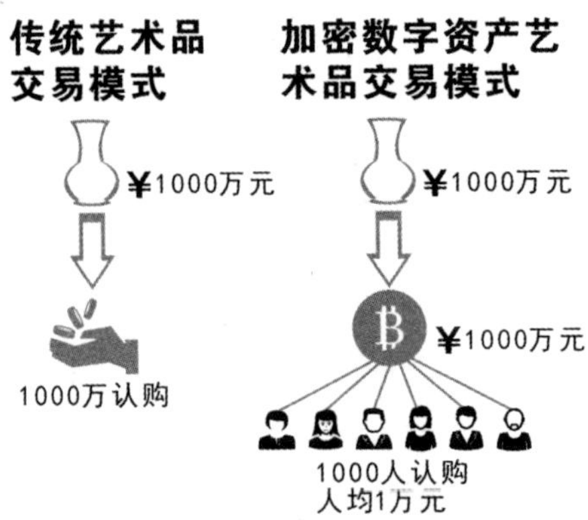

其实，以上这种创新交易模式，和金融领域中的资产证券化有一定相似之处。在传统金融市场中，将房产、地产等高价值的资产打包为证券化产品，以固定份额的证券形式出售给投资者，以实现价值变现，这是一种已经相当普及的资产运作模式。

但与资产证券化相比，加密数字资产在应用上更具优势。资产证券化中所使用的证券仅仅是价值指代物，本身并不具备价值，而加密数字资产既是交易资产的指代物，本身也具备同等的价值。由于具备了价值储存功能，加密数字资产不会像证券化产品一样，在供需关系影响下价格大涨大跌，而是能够长期锁定资产价值，实现资产价值的稳定增长。

作为一种便利化的网络财富载体，加密数字资产在现实世界中的应用将会不断地普及和深化，最终将广泛地扎根于现实经济，成为一种在世界范围内普遍使用的财富新载体。

财富互联时代，告别“零和博弈”

在传统的商业世界中，一条最基本、最普遍的经济规则是独立核算。在独立核算规则下，不同的商业个体之间自负盈亏、相互逐利。独立核算规则所带来的竞争效应确实为商业社会的发展带来了重要作用，但是其所铸就的各自为战的商业行为模式，也在互联网时代产生了越来越明显的阻碍。

在独立核算的规则下，商家往往将竞争取胜的关键归结于打败竞争对手，而非让自己变得更加强大，更能满足市场需求。我们经常能够见到，在某一区域市场中，同行之间大打价格战，甚至演变为恶性的价格竞争，最终，“财大气粗”的一方会成为市场的主宰者，而败者只能无奈地退出市场。但在竞争中获胜的一方往往也会元气大伤，再加之市场中没有相应的竞争对手，其产品和服务的质量难免会有所下降。这种竞争模式从长期来看，对于商家和消费者而言都是极其不利的。

不合理的竞争机制使得“零和博弈”的现象充斥于市场，商家总是围绕着有限的“蛋糕”不断争抢，在这一过程中，有赢家就会有输家，最终从整个市场来看，经济总量并未能得到有效增长，+1和−1相加永远等于零。

“零和博弈”不仅存在于商家竞争中，也存在于商家与消费者之间。在传统的消费模式下，商家与消费者之间“一手交钱，一手交货”，交易往往只是单次循环。从整个市场来看，消费者的钱流向了商家，但商家却未能有效地利用这些利润，最终导致整个市场生产和消费能力下降，经济总量增长缓慢。

而在互联网时代，提倡的全新商业理念是财富互联，商家与商家之间，商家与消费者之间，应当深化彼此间的经济联系，向着共赢的方向前行，而不是在此消彼长中原地踏步。积分商业模式的出现，让商家与商家、商家与消费者之间的共赢成为了现实。

从商家与商家的关系来看，通过积分商业模式，同行和不同行的商家都能结成商业同盟，用一种公平合理的竞争模式开展日常运营，使彼此都能在共同成长中获利。对于为数众多的中小型企业和商家来说，这种模式更为重要。

未来中国的商业市场，必然会出现“三足鼎立”的格局。首先是电商领域，将在社会总消费中占据越来越大的比例，甚至会成为零售业的主宰团体；其次是传统的大型企业，它们有规模、有资金、有渠道、有技术，在市场中能够长久立足；最后就是广大中小企业联盟，它们虽然个体力量有限，但通过一个联盟化的平台，一个完善商业模式的支持，同样能够结成一股强大的市场力量。

积分商业模式会首先从中心企业开始扩散，并逐渐延展到大企业，使得大型企业与中小型企业之间的联盟成为可能，并最终推动整个商业市场的财富互联。

从商家与消费者的关系来看，通过积分商业模式，商家所赚取的利润以一种可增值的方式返还给了消费者，消费者在获取了这些利润回馈后，自然具备了更强的未来消费能力，从而产生一种螺旋向上的循环消费模式，摆脱消费者花钱、商家获利的传统消费形态。

在积分商业模式铸就的财富互联时代中，经济个体的独立化运作将不断减弱，而是会以一种深度合作化的形式加以重塑。以合作取代竞争，将让商业社会摆脱“零和博弈”，向着“正和博弈”的共赢目标前行。

Chapter 13

免费世界的新秩序

加密数字资产的积分属性，让免费世界的实现成为了可能。而在免费世界中，一种前所未有的新秩序也得以建立。在新秩序之下，传统商业世界中的种种矛盾，将以一系列全新的方式得以解决，商业社会也将朝着更和谐的方向发展。

全球商业一体化加速

全球经济一体化趋势的最基本表现之一，便是全球的商业一体化。在二战后的世界经济复苏大潮中，跨国企业的大量涌现，使得商业不再只局限于一个地区、一个国家，而是向着全世界范围扩散。

互联网的出现与普及，更是让全球商业一体化进程空前加快。通过网络，个人与个人之间，企业与企业之间，个人与企业之间，即便远隔万里也能够洽谈生意，并在瞬间完成交易。电子商务的出现，更是让广大商家与消费者可以足不出户浏览、购买全世界的商品。

但是，全球商业一体化在实际运作中仍有许多需要解决的问题，其中较为突出的问题便是流通货币不同带来的诸多麻烦。

无论是线上跨境购物还是线下跨境购物，在大部分情况下，消费者都需要将手中的货币兑换为相应国家的货币，才能顺利用于消费。虽然有些大型企业会接收多种外币，有些大型电商平台也会针对相应国家或地区开设本土化平台，但从整个世界商业市场来看，这毕竟只是极小的一部分，无法进一步推动全球商业一体化。而且，货币会受到国家经济形势和经济政策的影响而出现涨跌，因此带来的一系列汇率风险更是会阻碍全球商业一体化的进程。

而加密数字资产的出现，则彻底解决了货币跨境流通中的各种问题。作为一种全球化的、全网统一的数字货币，加密数字资产真正实现了全球范围内的对等消费。当比特币尚在普及阶段时，就有比特币的爱好者游览了数十个国家，在其间的各项消费都使用比特币来进行支付，可见，加密数字资产的全球化消费是完全具备可行性的。如今，加密数字资产的种类不断完善，加密数字资产在全球的认可度和普及度都有了进一步提高，加密数字资产的全球化消费时代正在到来。

加密数字资产对于全球商业一体化的推动，主要表现在以下两个方面。

1. 加密数字资产能够实现跨境快速消费

加密数字资产的应用，省略了货币兑换的过程。消费者无论在哪一个国家进行购物，直接用加密数字资产支付即可。而不同国家和地区间的企业交易，通过加密数字资产来进行支付，也可以省去许多麻烦。

此外，加密数字资产作为一种数字货币，其在携带、储存、支付环节上具备天然优势，免除了消费者随身携带现金或银行卡所带来的一系列安全隐患。

2. 加密数字资产解决了汇率变动对于跨境消费的影响

汇率变动对于跨境交易的影响更为显著。当一国货币汇率上涨时，其国家的商品出口就会缩减，反之则会提升。比如，在2014 —

2015年期间，日元兑换人民币汇率连连下跌，此时，中国消费者使用同等数额的人民币即可购买到更多的日本产品，而日本消费者消费中国产品的能力则会显著下降，跨境消费就会萎缩。

不过，在应用加密数字资产后，这一问题将得到彻底解决。因为加密数字资产的市场价值是全球统一的，不会受到国家和政府机构货币政策的影响，只会在市场推动下自然变动。当本国货币汇率下跌时，使用加密数字资产进行境外消费，则不会受到任何损失，其消费能力仍然是同等的。

加密数字资产借助网络的统一化、便捷性，必将在全球消费领域中占据越来越重要的工具作用，成为一种不可替代的、主流的交易介质，推动全球商业一体化进程加速。

开拓新蓝海，财富与创新共舞

新蓝海总是蕴藏着无尽的财富，但是对新蓝海的开拓也总是会伴随着一定的风险。作为尚未被开发的宝藏，全新的领域创新总是以其巨大的市场前景吸引众多企业趋之若鹜，然而同时也会有众多企业因其不确定性而持续观望。

从全世界的许多领域来看，创新已经成为了一项高昂的“投资”。研发费用不断攀升，而创新的难度却越来越大，创新投资对于许多企业来说，几乎成为了一场“豪赌”。

在生物技术行业中，企业对于每种新药品的研发投入资金平均能达到十多亿美元，而这种投入未必有100%的产出或回报，因为生物技术的研发试验具备极大的偶然性，可能会突然成功，也可能永远无法取得成果。但即便如此，也没有哪一家生物技术企业会因风险而放弃创新。比如青霉素就是在完全偶然的试验下被发现的，任何一次偶然的机会都蕴藏着巨大的财富。

除了生物技术领域，新能源、航天技术等领域的创新，同样需要极高的投入。即便是投入相对较小的互联网领域，如果想要进行大规模、革命性的创新，投入同样会很高。比如京东物流，是京东对比其他电商平台的突出优势之一，但京东多年来为打造一个快速、安全的物流体系也进行了不菲的投入，在之后对整个物流系统的改善、维护中，这种高投入仍将会继续。

创新的高风险使得创新逐渐成为了大规模企业的“专利”，许多中小企业、新创企业，即便明白创新的重要性，但为了当前的生存与发展，也只得选择复制模式，或是采用小范围的改革式创新，以此获得生存与发展的空间。但是从长远来看，这种复制模式或是浅层创新模式，不仅不利于中小企业和新创企业的发展，对于整个商业领域、整个世界的创新层都会产生不良影响。

在财富与创新的矛盾之下，全世界商业领域都急需寻找一种新的模式，使财富与创新能够更紧密地对接，让创新能够快速转化为财富，财富进一步促进创新。而加密数字资产的积分化应用，就是这种新模式的成功应用。

加密数字资产积分属性的创新，催生了积分商业模式这一全新的商业市场消费系统，而且这一创新系统能够将商家与消费者的“投入”迅速地转化为真实财富加以积累，而财富的生成与积累，则能进一步普及积分商业模式的应用范围和领域，带动积分商业模式的更深层次的创新。

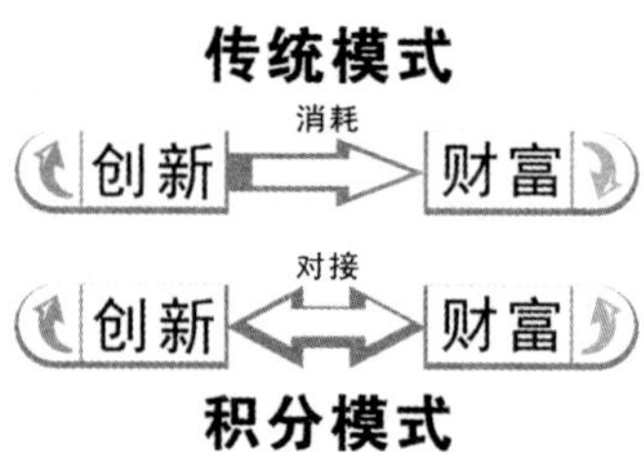

加密数字资产的积分化创新应用，不仅为全世界带来了一种全新的商业模式，同时也展示了一种属于未来的创新形态。未来的创新未必是一场“豪赌”，未必只能去追随长远的高额回报，而是能够以一种持续、稳定的方式，不断地吸收财富，支持创新的进行和深化。

加密数字资产不仅本身是一片等待被开拓的蓝海，也将引导整个商业社会向着更多的蓝海勇敢进发。财富与创新，将不再是背道而驰的两种要素，而是能以一种全新的方式联系在一起，这将促进整个商业社会的财富积累与创新深化。

从逐利到分享，摆脱资源浪费

资本的最大特性是逐利，无论是企业经营还是投资者投资，总是会在控制风险的前提下追求利益最大化。而这种逐利行为，也带来了一系列不良的经济和社会影响。

在1929—1933年世界经济危机期间，许多帝国主义国家的垄断资本家们，为了维持高额的利润率，不惜销毁、倾倒生产出的商品，也不愿降价卖给广大消费者。从结果来看，众多的社会资源被白白浪费，而垄断资本家所执意维持的高利润率最终也只存在于账面之上，并未能有效地转化为真实利润，因此致使经济危机向着更为恶劣的状况发展。

这种逐利行为带来的资源浪费现象，不只存在于垄断资本主义阶段，即便是在当前的文明社会，依旧广泛存在于商业社会中。

为了争抢有限的市场，商家之间总是会展开一系列竞争，而从整个商业环境中来看，这种竞争往往很难延伸到创新层面的竞争，而是更多的局限在产品、价格、渠道等浅层化的竞争上，由此就会带来产品同质化严重、恶性价格竞争、大规模的渠道倾销等不良的市场状况。同质化产品大量充斥，市场急速饱和，供给远超需求，使得产能过剩、大量产品积压，最终只能对其低价处理或是直接销毁，这无疑都是对社会资源重大的浪费行为。

传统商业模式

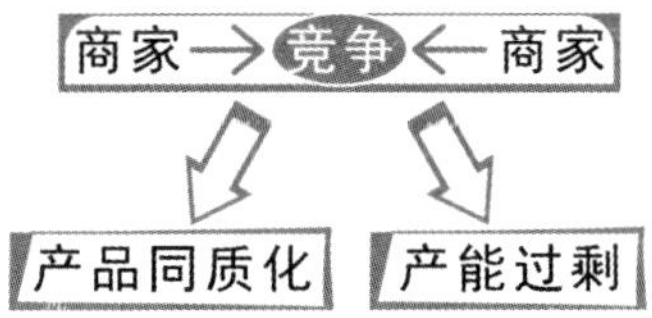

为了摆脱资本逐利带来的严重“内耗现象”，在新时代的商业市场中，需要对资本进行重新定义。资本所追求的，应当是整体利益的最大化，而非是自身利益的最大化。未来的商业社会是分享的时代，资本所带来的价值也应当将分享的成果最大化。

在积分商业模式下，所有参与的商家都是一个商业联盟，他们运用一个统一的、公平的模式开展经营和竞争，并从中共同收获利益。在传统的经营竞争模式下，你的利润率比竞争对手低，你的客流量没有竞争对手大，你的竞争力就会因此落后，并且陷入一个恶性循环，对消费者的吸引力愈发不足。而在积分商业模式中，竞争对手的领先行为同样能够带动整个加密数字资产积分的升值，从而间接地带动自身的营销竞争力。整个商业联盟中的商家竞争，将不再呈现此消彼长的关系，而是能够建立一种共同进退的全新联系。

积分商业模式

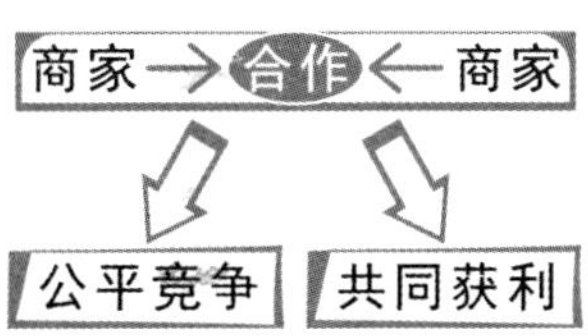

所以，在积分商业模式下，在竞争中暂时落后的商家，不需要急匆匆地进行降价倾销等不佳的经营选择，而是可以致力于将产品和服务进一步提升，因为自身的营销吸引力是和竞争对手保持同步的，需要考虑的最重要问题仅仅是如何满足消费者和市场需求。

商家与商家之间要分享竞争成果，商家与消费者之间也同样需要分享经营成果。我们在上文中提到的宁可销毁商品也不愿降价销售的行为，正是垄断资本家不愿与消费者分享带来的恶果。

在积分商业模式下，商家与消费者之间的分享行为，不再只局限于让消费者能够购买到更实惠的产品，而是要让消费者直接享有商家的利润成果。商家通过将利润打包为加密数字资产积分的形式回馈给消费者，以分享带动需求，能够更快更多地实现产品的市场价值，从而更好地避免产品积压、产能过剩现象的发生。

加密数字资产这一资产新形态，以及其所带来的积分商业模式，将会引导资本从逐利性转向分享性，从而优化商业社会中的竞争关系，深化商家与商家、商家与消费者之间的合作共享关系。这也将带动整个商业社会有效地避免资源浪费现象的发生，使得有限的社会资源得到最为充分的利用。

消费者主导，刺激商业变革提速

在工业时代，商业市场的主导者是企业和商家。在那个生产效率大幅提升、社会总需求急速攀升的时代，整个商业市场都处于“卖方市场”，只要企业和商家能够高效率、低价格地提供商品，就不用担忧销售问题。至于商品的创意、个性化以及消费者的不同需求等，通常不在生产者和销售者的考量范围内。

福特汽车作为工业时代最先崛起的汽车企业，其推出的福特T型汽车以其高质量、低价格的优势风靡市场，但是为了提高生产效率，该款汽车在设计上完全一致，甚至连颜色都只有黑色一种选择。当时，福特汽车的领导人亨利·福特还宣称，“不管消费者想要什么颜色的汽车，我们都只生产一种黑色汽车。”

福特汽车当时的单一化生产，也反映了那一时代企业经营的普遍思维——“生产什么卖什么”。

但是这种经营理念，在信息时代、在互联网时代下已经彻底落伍了。在如今这个产品极度饱和，同质化产品供给远远超过市场需求的时代，“卖方市场”一去不返，取而代之的是“买方市场”。

在过去，由于信息水平的限制、物流水平的限制，消费者与商家处于严重不对等的局面。消费者无力了解全面的、深层的产品信息，对产品的接触范围也极其有限，因此商家能够较为简单地控制甚至垄断市场，随意地设定产品的销售规则。而现在，消费者通过互联网，能够和全世界的消费者进行深入交流，能够得知各种商品在不同市场的详细信息，了解其他消费者的使用感受和评价推荐等。同时，电子商务的出现、社会物流水平的提高，使得消费者不仅仅是接触本地市场，还能够在全国乃至世界范围内选择和购买商品。互联网时代下的消费者主权得到了最大化彰显，消费者取代企业和商家成为了商业市场的主导者。

在互联网时代中，“生产什么卖什么”的经营理念必须改变，企业和商家需要奉行“消费者需要什么卖什么”的新理念，否则将无法在市场中立足。

然而，尽管越来越多的企业和商家开始注重消费者需求，但在搜集消费者信息上却存有巨大的障碍。首先，消费者往往不愿与商家分享信息。在消费者的传统观念下，自己提出的意见和建议往往不能够得到商家的有效践行，与商家深入交流完全是浪费时间。其次，消费者有时并不清楚自己想要什么。受到传统消费习惯的影响，消费者并不愿意进行深入地思考，而且消费者在向商家传递信息的过程中几乎没有回报，这就使得他们分享信息的动力大减。

而在积分商业模式下，商家与消费者能够建立一种更为和谐、更为紧密的联系，双方的关系得到了根本性的转变。在商家看来，消费者不再只是客户，不再只是经营利润的提供者，而是“消费合伙人”，他们所分享的宝贵信息将影响商家后续的经营方向和理念。而在消费者看来，商家也不再只是利润的追求者，而是转变为了利润的分享者，消费者能够以更加实惠的方式进行消费，同时自己的意见和建议也能得到重视和实现，既有回报又能改善自己的未来消费体验，消费者自然愿意思考和提供更有价值的商业信息。

积分商业模式，将使消费者主导的商业社会新规则得到最大程度的实现，以消费者的需求作为起点，不断刺激商业变革的提速，包括产品的创新、服务的创新乃至整个商业模式的不断创新。这不仅能避免因盲目经营带来的错误发展方向，也能引导商业社会的创新沿着正确的道路进行，加速商业革命的价值转变。

Chapter 14 \\

加密数字资产的未来展望

如果将2009年视作加密数字资产的发展元年，那么到2015年为止，整个加密数字资产领域已经历经了6年的发展期。不过对一种颠覆式创新而言，6年时间还不足以使其度过萌芽期。事实上，自2013年起，加密数字资产才在世界范围内迎来发展热潮，此后的进化速度更是逐年加快。加密数字资产还有很长的发展道路需要摸索，其未来的潜能也是不可限量的。

多元化算法克服弊端

加密数字资产都是建立在一定算法基础上得以研发出现的，采用的算法不同，加密数字资产的形态和性质就会有所不同。不过，在当前，加密数字资产的主流算法较为单一，这也带来了一些隐患。

我们所熟知的比特币，其发行就是建立在SHA-256密码系统之上的，即基于哈希函数（Hash）算法的加密系统。所谓哈希算法，就是将任意长度的二进制值映射为较短的、固定长度的二进制值，这个小型化的二进制值就称为哈希值，其是一段数据唯一且极为紧凑的数值表现形式。如果散列一段明文，哪怕只更改该段落的一个字母，随后的哈希都将产生不同的值，因此，要找到散列为同一个值的两个不同的输入，在计算上是不可能的。所以，哈希算法可以检验数据的完整性，在快速查找和加密算法上都有广泛应用。

哈希算法作为一种较为成熟的加密方式，成功解决了比特币的发行、交易确认以及安全性等问题。不过，无论多么成熟的算法，也会存在弊端，即便该弊端在当前阶段尚未显现，但随着研究和应用的深入，也必然会出现一定程度的漏洞。而对于加密数字资产来说，系统上的点滴漏洞，都有可能带来整个加密数字资产体系的崩溃。

所以，不断开发多元化算法，是加密数字资产生存发展的必然选择，也将使整个加密数字资产领域更加稳健、更加强大。

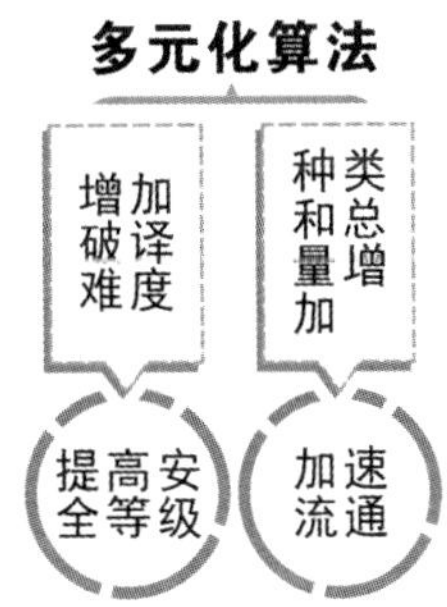

1. 多元化算法不断提高安全等级

对于算法的研究，本身就是对旧有算法的一种升级再造，在这一过程中，旧有算法的缺陷、隐患等将不断地被发现、被改善，从而带动旧算法的升级和新算法的诞生，使建立于算法之上的加密数字资产的安全性能得到提升。而且，通过不同算法的相互配合，将会大大增加被破译的难度，从而使每一种正规的加密数字资产都能立足于不败之地。

2. 多元化算法加速币种演化

采用不同的算法，就会生成不同的加密数字资产，因此，多元化算法也会催生加密数字资产的多元化，这将使加密数字资产在应用层面上得到进一步提升。

加密数字资产具备总量限定的特性，假如世界上仅存在几种加密数字资产，由于其总量太小，加密数字资产可能就会和真实的黄金一样，难以在世界范围内得以流通应用。

假设全世界仅有比特币这么一种加密数字资产，其总量被限定在2100万个，由于其稀缺性所带来的升值效应，就会有越来越多的人收藏比特币而不加以使用，比特币的流通就会逐渐陷入停滞。从长远来看，这极不利于比特币真实价值的累积。而对于积分商业模式下的加密数字资产，更是要不断地使用、回购才能产生价值积累，如果应用于积分商业模式下的“币种”过少，“币量”太小，那么必然会造成流通的紧缩。

所以，多元化算法将是加密数字资产发展进化的必经之路。但无论采用何种算法，归根结底都是要解决加密数字资产的发行、记账、交易、验证和安全性等一系列问题，使其既能实现货币层面的价值尺度、流通工具等职能，也能具备去中心化、对等透明的P2P网络精神。

移动端将成主要阵地

随着互联网向移动互联网进化，移动端的应用成为了新的时代主旋律，越来越多的应用，越来越多的行业开始向移动端转移或跨平台发展。

当前人们的社会生活，可以离开电视，可以离开电脑，但惟独离不开手机。智能手机的出现和移动网络的普及，让手机在保持便捷性的同时具备了越来越强大的功能。无论是网络通讯、浏览网页还是娱乐，如今都可以通过一部手机来完成。而随着电子商务和电子金融向移动端转移，人们还可以直接通过手机进行购物和支付。

移动化之所以能够成为一种蓬勃发展的新趋势，主要是因为其更符合现代人的生活方式。在生活节奏不断加快，信息时效性越来越强，碎片化时间充斥的背景下，唯有通过移动端随时随地进行网络连接，才能更好地满足人们的需求。所以，加密数字资产在未来不断向移动端转移，以移动端作为主要阵地，也是理所当然的大趋势。

加密数字资产的存储和交易，需要借助相应的平台和工具才能顺利完成。目前，主要的交易平台和交易工具都集中在传统PC端，因为和移动端相比，PC端的开发环境更成熟，开发难度更低，而且在软硬件两方面的安全性都较移动端更高。但是，对于加密数字资产移动端应用的开发是不能疏忽和滞后的，因为移动商务、移动支付是未来的主流，而流通功能作为加密数字资产的重要应用职能之一，必然要实现移动化运作。在未来，人们在手机端“挖矿”，生产和交易加密数字资产，是完全有可能也是必须要实现的。

从目前的发展趋势来看，实现移动端的加密数字资产的存储和交易是相对较容易的。移动商务、移动支付技术和环境的成熟，对加密数字资产的移动端应用能够提供直接的技术和实践支持。随着加密数字资产交易协议和系统的不断完善，在手机端进行安全、便捷的交易将很快成为现实。

与此相比，在移动端实现加密数字资产的生产难度较高。因为当前主要加密数字资产的设计原理是让用户通过比拼算力来进行“挖矿”，而且随着加密数字资产的不断挖掘，“挖矿”的难度也越来越高，凭借手机的性能很难满足加密数字资产的生成需求。而这种生产机制本身，也是不利于加密数字资产的传播的。因此，要让加密数字资产在移动端实现更好的发展，需要在设计原理上进行进一步创新，使其更具备可传播性。

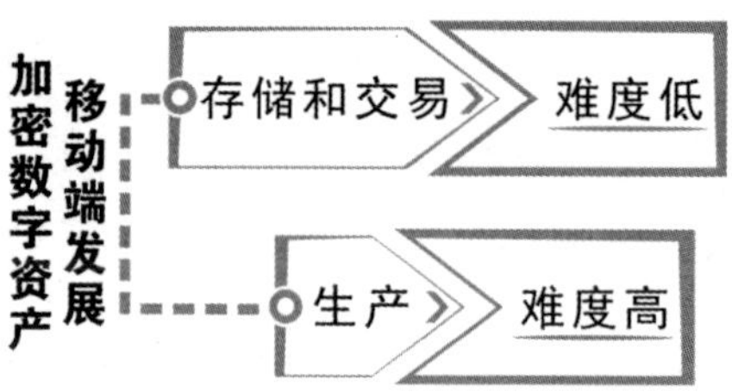

其实，目前已经出现了一些基于移动端的加密数字资产。比如在以色列出现的一种手机端数字货币，其设计是基于社交网络的。而在美国也有一种手机端数字货币，其设计是完全基于游戏的。因此，对于加密数字资产进行设计上的革新，不仅是为了满足移动端应用的需求，也能使加密数字资产在未来具备更佳的可传播性，扩张其应用场景。

加密数字资产移动端的应用，解决的是加密数字资产的易用性问题，同时也更适应移动网络和社交网络的时代需求，这对于以分享和互动作为宗旨的加密数字资产及其积分商业模式而言，将会起到明显的正向推动作用。

注重用户的体验和拓展

近些年加密数字资产在全世界范围内都取得了长足的发展，但是离真正的普及应用仍有很大的差距。据统计，全球规模最大的加密数字资产——比特币，其全球的活跃用户也只有50万，以这样的用户基数，恐怕很难支持其坐稳“第一数字货币”的地位。

加密数字资产的设计原理，注定其是偏向于“通货紧缩”的。随着加密数字资产的不断挖掘，生成新的加密数字资产的难度会越来越大，所要耗费的算力和成本也会越来越高，这就使得后来的新用户很难参与其中。而早期参与的用户则由于加密数字资产的稀缺性和增值性，选择收藏、储存加密数字资产，这就使得加密数字资产更加难以在市场中流通。

可以说，以比特币为代表的加密数字资产，其设计的初衷是创造一种基于网络、安全性高、没有政府机构支撑、完全通过市场进行优胜劣汰的数字货币，其要实现的重点是价值储存和去中心化网络运作，在用户体验方面确实考虑得不多。但如今，加密数字资产的设计初衷已经实现并得到了认可，如果想要在未来取得进一步发展进化，必须要更加“人性化”，让更多的用户能够参与其中。否则，一种在市场中难以流通的数字资产，其价值也很难得到彰显。

注重用户的体验和拓展，加密数字资产需要在生产和流通两个环节中进行完善。

在加密数字资产的生产环节设计上，要摆脱完全依赖于算法的生成方式，适当地降低新用户的“挖矿”难度，或者提供更加多样化的加密数字资产奖励方式。比如积分商业模式中由商家作为消费回馈赠予的加密数字资产，或是通过宣传推广加密数字资产获取的奖励等等。通过多样化的加密数字资产生成和获取方式，能够让新用户也能轻松地参与其中，获取相应的利益，这有利于用户基数的增长。

在加密数字资产的流通环节设计上，要在确保安全性的同时简化交易流程，这是提升用户体验的关键所在。移动支付之所以在近年来实现了高速化的普及和应用，在很大程度上是因为移动支付的安全性和快捷性有了大幅提升，消费者拿出手机轻轻一刷即可完成支付环节，其自然乐于去使用。因此，加密数字资产在交易流程中，也应当实现点对点的快速交易，最好能够省略信息的输入、设定等步骤，让交易双方能够更快、更简单地完成整个交易环节。

加密数字资产的人性化设计，能够让用户更便捷地进行“挖矿”、支付和交易等活动，这也将显著地改善加密数字资产的用户体验，使加密数字资产的用户基数得到快速增长，从而推动加密数字资产在全世界范围内的普及和应用。

关注应用场景

每当某一知名平台或大型机构宣布支持加密数字资产时，往往能够成为一则大新闻，这其实也说明了当前的加密数字资产在应用层上还比较单薄，因此当这些加密数字资产应用的新闻出现，才会引发广泛的关注。

目前，加密数字资产广受诟病的一点，就是可应用的场景太少，往往只有一些大型的电子商务平台才会支持加密数字资产的支付，对于消费者日常生活中所接触的很多应用场景，加密数字资产往往毫无用武之地。

因此，加密数字资产在未来发展的重要任务之一，就是最大程度地扩展应用场景，让越来越多的商家加入接受加密数字资产支付的系统中来。应用场景的扩展将有效地刺激用户的增长，而当用户增长到一定量级时，就会成为一种商业趋势，也将会有越来越多的企业和商家愿意接受加密数字资产应用。

其实，这一发展轨迹，和第三方支付工具的发展轨迹类似。比如，支付宝最初只是在淘宝平台内使用，但由于其便捷性广受用户的欢迎和认可，其逐渐开始向其他应用场景扩散。不仅其他的电商平台可以用支付宝进行支付，一些线下的实体商家也接受了支付宝支付，从而使所有的支付场景都连通了起来。

扩展加密数字资产的应用场景，可以从三个阶段来进行。

加密数字资产应用场景发展阶段

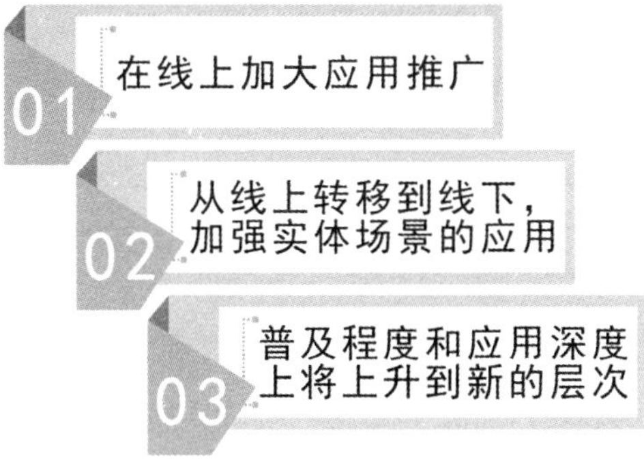

第一阶段，在线上加大应用推广。加密数字资产作为一种数字货币形式，其在线上的转移更加便捷、更加成熟。而电子商务作为一种依托于网络的零售模式，和加密数字资产有着天然的契合性。同时，随着跨界电商的兴起，随着电商全球化发展的趋势到来，电商平台也需要一种全球统一的在线支付形式，以更好地对接不同国家和地区的买家和卖家。

第二阶段，从线上转移到线下，加强实体场景的应用。电子商务在零售领域所占据的比重越来越大，但是线下实体商业仍然是不可替代的。而相较于加密数字资产在线上的应用，其线下应用的要求更高。首先，线下应用对技术层面的要求更高，需要提供一种便捷、安全的加密数字资产交易模式。其次，线下应用还要解决用户消费习惯的问题。而这两点，都可以在加密数字资产的线上应用过程中得到一定程度的解决。待加密数字资产在线上的应用足够成熟后，也能为其线下应用奠定坚实的基础。

第三阶段，随着线上和线下应用场景的连通，加密数字资产在普及程度和应用深度上将上升到一个新的层次。在前两个阶段，加密数字资产的应用主要集中在消费场景，因为消费者场景频度高、单次交易金额小，更容易接受创新化的支付形式。而在第三阶段，随着加密数字资产应用的成熟，其应用将不止于消费场景，而是会向企业间大宗交易，金融领域中的资产交易进行转移，成为个人和组织都愿意使用的一种商业工具。

加密数字资产的未来在于应用，积分商业模式的出现已经加以印证。无论其作为一种投资品，还是一种流通货币，都无法发挥出加密数字资产的全部价值。唯有在商业社会的各个场景加以创新化应用，才能发挥出加密数字资产的创新能量，带来颠覆式效应，深刻地影响商业社会的方方面面。

加密数字资产交易所

加密数字资产交易的进行，需要借助于相应的交易平台。而当一个权威性的交易平台得以出现时，加密数字资产将拥有属于自己的交易所。

交易所的出现，对于一种资产形态和金融工具而言，是迈向成熟的重要标志。比如我们熟知的证券交易所，尽管现在许多投资者通过网络进行股票和债券的交易，但是交易数据的处理，仍需要证券交易所来进行。可以说，没有证券交易所，现代化的证券市场就不可能形成。

所以，加密数字资产想要在未来进行更加正规化的发展，也必须拥有属于自己的、专门化的交易所。

在美国，已经建立了初具规模的全球性加密数字资产交易所。而我国的深圳市，也于2015年批准成立了国内第一家实体加密数字资产交易所。加密数字资产交易所将会如雨后春笋般，在全球成熟的金融市场中不断建立。

不过，现阶段成立的加密数字资产交易所，在运作上仍存有很多限制，无法系统性地解决加密数字资产交易过程中的全部问题。未来的加密数字资产交易所，要想成为加密数字资产领域中不可替代、被广泛使用的一个组成部分，必须解决以下问题。

1. 加密数字资产交易所必须支持更多种类的加密数字资产形式

加密数字资产的形式多种多样，目前世界上存有的加密数字资产，其种类不下数百种。即便是较为主流的加密数字资产，种类也在数十种之上。接纳所有的加密数字资产类型，对于交易所来说既是一项挑战，也是一项必须解决的问题。只有真正做到了泛用化、普及化，加密数字资产交易所才能真正地融入整个领域中。

当然，在支持多种类型的加密数字资产形式时，交易所也必须严格把关，做好加密数字资产的审核、监控，防止“山寨”加密数字资产流入造成市场混乱和危害。

2. 加密数字资产交易所必须解决不同加密数字资产之间的兑换问题

目前，不同的加密数字资产在兑换上是相互割裂的，尽管不同的加密数字资产有着明确的市场价值，但是由于存储机制不同、交易系统不同等因素，加密数字资产之间很难完成兑换，这自然会给整个领域的流通应用带来不必要的麻烦。

加密数字资产所应用的系统，很难完全统一，也不可能让每个用户都去开设多种加密数字资产的账户。因此，作为权威性的中介机构，加密数字资产交易所必须承担起加密数字资产的兑换职责，以更好地服务加密数字资产用户。

3. 加密数字资产交易所必须实现安全化、快捷化、低成本的交易系统

用户在进行资产交易时，其关注的重点内容通常不外乎以下三点：安全性能够不够高？使用方法是不是足够简单？收取的交易费率是多少？

加密数字资产交易所唯有向广大用户提供一个安全、便捷、低成本的交易系统，才会被用户乐于使用，才能促进整个领域的交易正规化发展。

加密数字资产交易所的建立和应用，是加密数字资产领域的必然发展方向，也是发展过程中的一项重要任务。如何建立起一套成熟有效的系统，统筹规划加密数字资产交易中的各个要素、各个环节，是加密数字资产交易所的职责，也是加密数字资产领域中下一个亟待解决的关键点。

加密数字资产的下一站

加密数字资产最为突出的资产属性，注定了其首先在经济领域、金融领域和商业领域中得到最为广泛、深入的应用。不过，加密数字资产的潜能远不止于此，作为一种颠覆式创新，加密数字资产有能力向着更多领域进行扩散和发展。

加密数字资产首先是资产，它和传统的有形资产（房子、车、土地）和无形资产（信息、技术、专利）一样，能够用于多种形式的资产注册、存货清单、交易介质等，甚至影响到国家和地区的财务、经济和货币交易系统。但是加密数字资产的理念和理想远不止于此，它是一种全新的资产组织范例和运作系统，能够进行资产的评估，承载和转移任何事物的价值量，并能够从更大规模上协调整个商业社会的所有经济活动。

我们应当将加密数字资产与互联网置于同等地位，这是一种平台化的综合技术创新，而非一种单一化的工具创新。如今，互联网早已不再是一个简单的工具应用，而是一个孕育创新的“基地”。加密数字资产也应当沿着这一方向发展，其潜在的创新能量也确实能够实现和互联网同等甚至更为强大的影响力。

● 经济领域的应用

作为加密数字资产的基本应用形态，其在经济领域中的应用已经取得了相当显著的成果。加密数字资产的交易、流通，积分商业模式的出现和普及，加密数字资产积分的全新增值模式等，都带来了不同程度的经济领域革命。

除了货币和消费市场外，加密数字资产也为金融市场带来了一种全新的交易工具。通过加密数字资产，金融市场中有了一种更便利、更安全的资产形态，这丰富了金融交易的形式。而在未来，加密数字资产甚至会成为资产证券化的主流价值指代物，摆脱现行纸质证券在价值标记和储存上的诸多弊端。

加密数字资产，也使一直存在于理论层面的智能交易和智能合约成为了现实。通过预先设定的智能合约，一旦有交易满足合约需求，该合约即会自动完成智能交易，这不仅提高了交易的效率和公平性，也能够使交易双方的权利都得到保障。

加密数字资产在未来经济领域中的应用，仍将围绕着消费市场、金融市场和交易市场这三大主流市场，如何加速加密数字资产在这些市场中的普及和应用，提高加密数字资产应用层面的安全性和便捷性，将是加密数字资产的下一个研究课题。

● 产权领域的应用

加密数字资产代码的唯一性，交易可监控、可验证的特性，使其能够用于保障我们的产权不受侵害。

在未来，当加密数字资产真正得以在全世界、全社会中应用，其所构建的区块链网络将得到最大范围的覆盖，并可以为整个社会提供公关记录数据库的服务，包括各种文档、事件、身份和资产的注册等。而存在于这一系统中的所有资产，都将转变为智能资产，区块链网络将用唯一的编码来识别验证每一个资产的信息，并使每一个资产都能在区块链网络中被追踪、控制和交易。这也就意味着，未来的任何有形资产和无形资产，都能够在区块链网络中进行注册和交易，由于全网的对等监控和验证，没有任何人或机构能够非法地篡改我们的产权信息。

那么，加密数字资产的产权管理系统，究竟是如何运作的呢？在当前，这种运作系统主要源于哈希算法。

哈希算法能够将任何一种文件压缩为一个64位密码（哈希值），这个数值是独一无二的。无论是1KB的文件还是1GB的文件，都同样能够进行压缩且不能被反向破译。之后，这一哈希值将打包进入加了时间戳的区块链交易网络中，即这一加密数字资产在确定时间点的存在证明。这一哈希值同时能够被底层文件重新计算，以确认源文件有没有被修改，这就使得产权的安全化和标准化得到最大程度的保障。

随着未来加密数字资产在产权领域的应用发展，将能够为全社会任何形态的资产的精准内容（包括资产信息、所有者信息、交易信息等）提供私密化的注册和验证服务，从而使标准化的合同交易机制得以真正实现。

● 组织机构领域的应用

加密数字资产的潜在作用，能够延伸到政治、社交乃至人道主义，这并非天方夜谭，加密数字资产确实有能力处理特殊团体的各种现实问题。

在未来，可以利用区块链技术制定一个去中心化的云端功能，这些功能在以前需要在司法权上受到限制的组织来管理，而通过去中心化的云端功能，则能够超越传统的组织权力机构。这对于许多非盈利化组织机构是极有帮助的。

比如维基解密这一国际性非盈利媒体组织，就是通过协助知情人让组织、企业和政府实现在阳光下运作。但是其大量公布机密文件的做法也饱受争议，支持者认为维基解密捍卫了民主和自由，而反对者则认为机密文件的泄露威胁了国家安全，不利于国际形势的稳定。维基解密甚至成为了多个政府的“眼中钉”，究其原因，还是因为政府的权力凌驾于公众的权利之上。

而通过加密数字资产制定的去中心化的、全网认可的规则，则能够冲破不同国家政府、法律的限制，从而使更多的保持中立立场的跨国组织得以生存和运作。公众利益必须超越政府权力结构的束缚，这是社会进步的必然选择。

除此以外，一些不受支持的特殊利益集团，可以借助区块链网络摆脱政府的影响，实现授权给新的投资者和投资机构的商业模式。比如美国的空中食宿（Airbnb）和优步（UBER），尽管一直受到现行企业法律的攻击，但仍旧取得了长足的发展，就是因为其应用是符合市场需求的，其发展模式是有益于市场进步的。

● 物联网领域的应用

物联网是互联网科技创新和应用的下一个发展方向。据全球最具权威的IT研究与顾问咨询公司高德纳公司预测，到2020年，全球物联网将包含260亿台设备和总计1.9万亿美元的经济总量。

而想要更好地控制和引导这些物联网要素，必须借助加密数字资产来处理设备之间的交易。同时，设备之间的微支付形态，也会发展为一个全新的经济层。区块链网络的去中心化模型意味着，无中介机构的交易成为可能。去中心化的信任机制，使得建立在全球范围内的大规模交易能够以一种不同的机构和方式运行，当前的权威机构的交易关系和阶层属性都将失去它们的作用。

在未来，对于交易双方来说，传统的金融机构不再是必须的，双方可以直接通过区块链网络进行点对点的远程交易，不存在欺诈和风险问题。传统的金融机构，也会因此而进行大规模的业务调整和转型。

无中介的交易结构，也将使无人设备得到进一步地发展和应用。通过加密数字资产的支付网络，机器经济变为了可能。在未来，无人驾驶、无人商店等，都有可能成为我们生活中的一部分。

● 文化领域的应用

在社会层面的最深刻影响，是对文化的影响。衡量一种技术是否已成为主流的关键指标，就要看其是否被主流文化所接纳。

据研究显示，加密数字资产真正进入全球社会心理，可能始于比特币电影节。比特币电影节开始于2013年，并于2014年末到2015年初分别在柏林、首尔、布宜诺斯艾利斯、阿姆斯特丹、里约、开普敦等多个世界知名城市举办。在这一别开生面的电影节中，观众们可以用比特币向他们喜欢的电影投票，并由此产生了一系列业务线。

而在未来，不只是比特币，任何一种被广泛应用的主流加密数字资产，都有可能在文化产业领域被加以应用。对于文化产业这种轻资产、重创意的领域而言，加密数字资产的应用，将为其提供一种全新的融资渠道，提供一种全新的价值转换渠道，从而推动整个文化领域蓬勃发展。

● 社会领域的应用

加密数字资产凭借其可信、合用、易用的特性，将逐步被社会主流所接纳，其影响也将在整个社会领域中进一步扩散。

比如在社会公益中，需要接受捐赠的一方只需要放出自己的加密数字资产账户，能够提供捐赠的人即可快速、安全地将善款转移到需要帮助的人的账户中。在这种点对点的捐赠过程中，不存在暗箱操作，不存在中饱私囊，社会公益也将得到更好的维护与实现。

不过，加密数字资产在社会领域中的广泛应用，也存在一些障碍。其中一点，就是公众对于新技术的不理解和不接纳。其实，这一现象在互联网初期也曾存在过，面对一种新技术，公众难免会疑问，“这是什么？到底是怎么运作的？”然而，让主流大众都能够将新技术理解透彻无疑是极其困难的，因此就需要在应用层上着手，用实际行为向公众表明新技术是安全的、实用的，才能更好地推动新技术在社会领域的普及。

在比特币应用初期，其交易原理无疑让许多人都感到云里雾里。但随着比特币钱包的发明，用户可以更简单地理解自己的比特币是如何保存的，是如何交易的，又是如何进行备份的。这就在很大程度上打消了用户对于比特币的诸多怀疑，让比特币得以更快速地普及。

但即便新技术得到了公众的认可，在传统的社会心理下，加密数字资产在社会领域的应用还是会受到限制。比如应用加密数字资产的虚拟公证服务，能够对IP注册、合约、遗嘱等进行简单、便宜、安全和永久性的处理。但是出于社会原因，许多人更愿意同一个真实的律师来商讨处理这些事务。所以，加密数字资产不仅要在技术上成熟、应用上创新，也要进行明确的价值定位，首先锁定有需求的小范围群体，在小范围内取得成功应用并建立一定的口碑后，再去进行进一步的扩散普及。

从加密数字资产领域来看，其早期的使用者，主要是关注金融创新和意识形态创新的人群。接下来则是解决大部分人的实际问题，包括跨境交易、远程资产交易、消费形态创新等。之后，加密数字资产会从经济领域，向政治、文化、科技领域进军，通过改善一个个社会子系统，最终对整个社会系统产生重大影响。

加密数字资产的下一站，既是创新也是应用。加密数字资产将会超脱于资产属性之上，成为一种技术形态和思维形态上的创新模型，并由此改善现行的经济、政治、文化、科技领域，推动整个人类社会的进步。